MANDELA & NELSON

Das Rückspiel

1 2 3 4   16 15 14 13
© 2013 by Aladin Aladin GmbH, 22765 Hamburg
Umschlagillustration und Vignetten: Jörg Mühle
Satz: Karin Kröll
Lithografie: Margit Dittes Media, Hamburg
Druck und Bindung: GGP Media GmbH, Pößneck
ISBN 978-3-848-92008-2
Printed in Germany

www.aladin-verlag.de

Hermann Schulz

MANDELA & NELSON
Das Rückspiel

ALADIN

AM ABEND ZOG WILLI EIN ASS AUS DEM ÄRMEL

Falls du dich fragst, warum die Spieler und Spielerinnen vom Saadani-Fußballclub noch spätabends in einem Restaurant am Strand von Bagamoyo herumhingen: In meinem Bericht *Mandela & Nelson. Das Länderspiel* habe ich euch davon erzählt. In allen Einzelheiten. Was wir in knapp einer Woche alles zu erledigen hatten. Wie wir für das Spiel gegen die deutsche Turniermannschaft den Platz hergerichtet haben. Denn der war, ehrlich gesagt, in einem jämmerlichen Zustand. Unser Selbstvertrauen auch. Immerhin sollten wir gegen eine deutsche Mannschaft mit richtigem Trainer und allem Drum und Dran antreten. Wir ließen uns davon aber nicht unterkriegen! Das Spiel war bis zur letzten Minute, als Yakobo das Siegtor schoss, ein richtiges schwarzweißes Volksfest.

Nun saßen wir in der *Traveller's Lodge* und feierten. Wir, das waren wir Spieler, die Trainer und jede Menge Gäste. Helen, die blonde Chefin des Hauses, hatte mit ihren Leuten alle Hände voll zu tun. So rappelvoll hatte sie die Bude selten.

Als wir die Teller leer geputzt hatten und nur noch glücklich und müde herumhingen, wusste ich noch nicht, dass sich mit dem Ende des Tages zugleich ein neues Abenteuer ankündigte. Und was für eines!

WILLIS VERRÜCKTE PLÄNE

Vom Strand her hörte man ein Durcheinander von Trommeln, Gelächter und Gesang aus dem Dunkeln. An vielen Stellen brannten Feuer in alten Öltonnen. Überall eine super Stimmung nach dem großen Spiel. An den Tischen im Restaurant hingen die Fußballspieler beider Mannschaften herum und quatschten in allen Sprachen miteinander. Hauptsächlich aber mit Händen und Füßen. Einige kleine Kinder wollten die Gelegenheit nutzen, noch einmal ängstlich die weiße Haut einiger Spieler zu betatschen. War die wirklich so hell – oder bloß angestrichen? Am Tresen und im Garten drängten sich mindestens hundert Leute, Mama und Papa mittendrin.

Wir feierten das Spiel unserer Mannschaft aus Bagamoyo gegen eine Jugendauswahl aus Deutschland. Fünf zu vier war der Endstand. Aber das Ergebnis war jetzt Nebensache. Ich hatte als Spielführer mit dem deutschen Trainer Willi noch ein paar Fragen zu klären. Aus dem gut gelaunten Hexenkessel kriegte ich deshalb nur am Rande mit, was so alles passierte.

Hanan hatte sich mit dem türkisch-deutschen Torwart Soner

in den Garten verzogen. Vermutlich wollte unsere Abwehrspielerin auch mal in die Offensive gehen. Oder unbedingt Türkisch von ihm lernen. Ich hatte bisher nicht gewusst, dass man beim Sprachunterricht unbedingt Händchen halten muss. Aber das ging mich ja nichts an.

Plötzlich hatte meine Zwillingsschwester Mandela rote Leggins an, darüber das Trikot in unseren Landesfarben. Keine Ahnung, wie sie so schnell an frische Klamotten gekommen war. Ich ahnte, was kommen würde.

Hanifa besprach mit Helen am Tresen die passende Musik. Wenn ich nicht so beschäftigt gewesen wäre, hätte ich das gern selber gemacht.

Da wummerte es auch schon aus den Lautsprechern, und Mandela legte los. So ein Solo siehst du auch in Afrika nicht alle Tage! Unter einem Wahnsinnsbeifall tanzte sie zehn Minuten lang auf dem Tisch um Teller und Gläser herum. Ohne etwas zu zerdeppern. Es war großartig, was sie da zeigte! Ein solches Publikum lässt sich eine Mandela Kitumbo nicht entgehen.

Trotz ihrer hohen Konzentration musste sie mitgekriegt haben, dass auch der deutsche Trainer Willi und ich begeistert zuguckten. Wir hatten die ganze Zeit miteinander getuschelt. Hätte mich auch sehr gewundert, wenn sie nicht scharf darauf gewesen wäre zu erfahren, was wir so Wichtiges zu bereden hatten. Ich kannte doch meine neugierige Schwester. Es war nur eine Frage der Zeit, dann würde sie einen Vorwand finden, mich oder Willi auszuhorchen.

Ganz nebenbei möchte ich hier erwähnen, dass ich, Nelson Kitumbo, nicht nur als Fußballer, sondern auch als guter Tänzer allgemein anerkannt bin. Aber sie hatte den perfekten Riecher für den richtigen Auftritt im richtigen Moment. Ich hielt mich aus Bescheidenheit eher im Hintergrund. Eine Eigenschaft, die in Mandelas Wortschatz nicht vorkam. Aber was soll's! Man muss seine Schwester nehmen, wie sie ist. Wir waren trotzdem ein verdammt gutes Gespann.

Trainer Willi, der zugleich der Schiedsrichter des Spiels gewesen war, hatte sich schon geduscht und umgezogen. Seine roten Haare klebten noch nass am Kopf. Wir hatten uns ausführlich darüber unterhalten, warum er das letzte Tor eigentlich nicht hätte geben dürfen.

Da stand Mandela plötzlich an unserem Tisch, ihr Trikot klebte vom Schweiß am ganzen Körper. Es war zwar schon spät, aber immer noch heiß. Nur ein leichter Wind vom Meer raschelte im Dach aus Palmstroh. Vom Ozean hörte man das Rauschen der Wellen, wenn es nicht vom Gelächter der Leute übertönt wurde. Mandela verscheuchte die kleine Rotznase Sam Njuma und flüsterte Nicki zu, ob er ihr eine Cola besorgen könnte. Ein Kuss auf seine Backe, sofort sprang er auf und drängelte sich durch zum Tresen. Sie besetzte seinen Platz, direkt Willi und mir gegenüber.

»Beim Tanzen bist du noch besser als in der Abwehr auf dem Platz. Absoluter Wahnsinn! Einfach toll!«, sagte Willi und strahlte sie an. Sogar ich, ihr Bruder, der bewusst sparsam mit Komplimenten umgeht, nickte ihr zu.

Mandela griff sich ein halbvolles Glas Cola, vermutlich das von Nicki, und trank es leer.

»Da müsstest du mal Nelson tanzen sehen!« War nicht ungeschickt, wie sie sich in unser Gespräch einbrachte. »Was habt ihr denn noch zu reden, ihr beiden?«

Ich stotterte herum.

»Wir sprechen über, äh … also, über eine … eine Fehlentscheidung des Schiedsrichters.« Ich sah Willi verlegen an.

»He? Was ist denn da gelaufen?«, bohrte sie nach.

»Nicht so wichtig. Erzähl ich dir morgen.«

Konnte nicht schaden, sie ein bisschen auf die Folter zu spannen. Das Siegtor hatte unser Torwart Yakobo barfuß geschossen, und das hätte Willi eigentlich pfeifen müssen. Darüber hatten wir geredet.

»Nelson hatte rein fachliche Fragen mit mir zu klären.« Auch Willi hatte keine Lust, die ganze Geschichte noch einmal aufzuwärmen. Jetzt war Feiern angesagt. Man sah den Spielern die 90 Minuten Kampf in Hitze und Staub deutlich an. Einige hingen in ihren Stühlen wie angeschlagene Boxer. Trotzdem war die Stimmung großartig.

»Jetzt mal was ganz anderes«, wechselte Willi das Thema und winkte nach der Bedienung. Nicki stellte eine Cola vor Mandela hin. Weil sie seinen Platz besetzt hatte, schickte er Tutupa unter einem Vorwand weg. Keine Ahnung, was er ihm gesagt hat. Sofort besetzte er Tutupas Platz. Wollte er mitbekommen, was wir da redeten? Oder unbedingt neben meiner Schwester sitzen? Könnte ich mir denken, so wie er sie die ganze Zeit anguckte.

»Wie, was anderes? Was meinst du damit?«, fragte ich.

»Also, es ist ja üblich, dass es ein Rückspiel gibt. Bei Länderspielen ist das so.«

Ich stand total auf der Leitung.

»Morgen etwa? Bis dahin kriegen wir den Platz doch nicht in Ordnung! Außerdem sind die Jungs fertig!«, protestierte ich aufgeregt.

»Neiiiin«, sagte Willi gedehnt. »Bei *uns* auf dem Platz. Irgendwo im Ruhrgebiet. Am besten in Dortmund. Da haben wir zwei schöne Spielstätten. Was meint ihr? Und vielleicht ein zweites Spiel in Ahlen, da, wo ich zu Hause bin.«

Ich muss geguckt haben, als hätte mich ein Zebra getreten.

»Du spinnst, Willi! Wenn ich mein Taschengeld ungefähr hundert Jahre anspare, reicht es vielleicht für ein Flugticket.«

Mandela lauerte wachsam, was jetzt kommen würde. Willi lachte dröhnend.

»Wenn wir euch einladen, dann bezahlen wir das auch. Ich muss mit den Fanclubs reden, vielleicht kriegen wir das hin.«

»Hört sich nicht schlecht an«, sagte ich und tat ganz gelassen. »Ich hab das Stadion von Borussia Dortmund im Fernsehen gesehen. Macht einen ordentlichen Eindruck.« Ich zögerte, stieß Willi in die Seite und setzte ein eifriges Gesicht auf. »Einen Rat gebe ich dir, Willi! Falls das Rückspiel zustande kommt: Mach nicht den gleichen Fehler wie ich!«

Willi guckte mich, ein frisches Bier in der Hand, mit offenem Mund an. »Welchen Fehler, Mister Nelson? Welchen Fehler soll ich nicht machen?«

Ich klopfte ihm auf die Schulter und sagte ganz ernst: »Damit dir nicht die gleiche Panne passiert wie mir! Sag den Bauern da bei euch rechtzeitig Bescheid, dass sie die Kühe an dem Tag woanders hintreiben!«

Willi brauchte einen Moment, bis er begriffen hatte. Dann

brüllte er los vor Lachen und schrie über den ganzen Tisch hinweg etwas in seiner Sprache. Die deutschen Spieler kriegten sich nicht mehr ein.

Fünf Minuten vor Schluss unseres Spiels war nämlich eine Kuhherde quer über den Platz gelaufen. Willi hatte für ein paar Minuten abgepfiffen. Das Publikum hatte seinen Spaß daran gehabt. Ich hatte vergessen, den Bauern zu informieren, dass das Spiel stattfand.

Dann fragte ich Willi leise: »Hast du das ernst gemeint, das mit dem Rückspiel?«

Er flüsterte mir zu, nur Mandela kriegte alles mit: »Wäre doch toll, oder? Versprechen kann ich nichts. Aber ich werde es versuchen. Ich schick eine E-Mail an euren Trainer Nkwabi, wenn alles klar ist. Oder ich absagen muss. Der Rest ist dann eure Sache. Ist im Moment nur eine Idee von mir. Verstehst du?«

Ich konnte mir, ehrlich gesagt, nicht vorstellen, mit der ganzen Mannschaft nach Deutschland zu fliegen. Aber dieser Willi war kein Klugscheißer. Wenn der so etwas sagte, meinte er es auch so. Er hatte nur versprochen, es zu versuchen. Vielleicht, weil hier eine Bombenstimmung war und sich alle so gut verstanden.

Ob etwas daraus würde? Ich beschloss, gar nicht mehr daran zu denken. Sonst wäre ich irgendwann enttäuscht, wenn es nicht klappte.

Gegen Mitternacht verzogen sich die meisten deutschen Spieler in ihre Betten. Auch einige von uns waren schon verschwunden; Hanan und Soner schon seit einer Stunde. Wahrscheinlich um türkische Vokabeln zu lernen.

Nur Said hatte sich noch eine Portion Nudeln mit Hähnchen bestellt und mampfte vor sich hin. Der arme Kerl musste noch einiges nachholen. Bis vor einigen Tagen hatte er zwölf Stunden am Strand Fische geputzt, um Geld für seine Familie zu verdienen. Bis Papa ihn in unserer Schlangenfarm eingestellt hatte.

Mein Vater winkte uns zu. Ich klopfte Said, Mirambo, Nicki, Kongo-Otto und Tutupa auf die Schultern. Mandela schickte den kleinen Sam Njuma mit einem Küsschen nach Hause. Der war gerade mal fünf Jahre alt und gehörte längst ins Bett! Er hatte sich einen der Bälle gekrallt und schob ihn sich unter sein Trikot.

Ich ließ mich, durchaus nicht widerstrebend, von Helen, der Chefin des Hotels, noch einmal umarmen. Niemand machte heute dumme Bemerkungen darüber.

Willi kam noch bis auf die Straße mit.

»Wir sehen uns morgen, Willi. Wir kommen alle zum Bus, wenn ihr abfahrt«, rief ich ihm noch zu. Dann machten wir uns auf den Heimweg.

Der Abschied am Bus war traurig und schön zugleich. Als wir den Freunden nachwinkten, hatten einige Spieler Tränen in den Augen. Sogar meine Schwester Mandela. Ich hatte mitbekommen, wie sie Nicki einen Zettel zusteckte und ihn blitzschnell noch einmal umarmte. Am hinteren Fenster presste Torwart Soner sein Gesicht an die Scheibe, und Hanan weinte doch tatsächlich. Wahrscheinlich weil die Zeit nicht ganz gereicht hatte, Türkisch zu lernen.

Das Thema Rückspiel hatte für ein paar Monate Pause. Den Spielern hatte ich von Willis Bemerkung nichts erzählt. Und auch Mandela hielt die Klappe, was mich sehr verwunderte.

Man muss nicht Hoffnungen wecken, die sich vielleicht zerschlagen.

DIE WEISSEN SIND NICHT DÜMMER ALS WIR!

Unser Papa ist ein großer Geschichtenerzähler. Aber er zeigt es selten. Er ist ein eher ruhiger Typ, wie ich auch.

Er war mit ein paar Freunden in der Hafenstadt Dar es Salaam gewesen. Ich vermutete, es war seine erste Reise so weit weg. Was er in Dar wollte, hatten Mandela und ich nicht mitbekommen. Vielleicht suchte er nach neuen Ideen für seine Schlangenfarm. Wir mussten im Schulgarten arbeiten, die Hirsefelder hacken, danach auf den Parkplätzen im Naturschutzpark *Saadani* Abfall einsammeln.

Nach der Arbeit hatten sich Mandela, Hanifa und Hanan, unsere drei Abwehrspielerinnen, auf dem Markt herumgetrieben. Wenn die Händler am späten Nachmittag einpackten, gab es immer gute Gelegenheiten, etwas von den Resten mitzunehmen.

Ich war mit Yakobo am Hafen. Ein toter Hai war angeschwemmt worden, deshalb hatte ich mich verspätet.

Zu Hause saßen Mama, Papa, Said und Mandela vor ihren leeren Tellern. Weil sie mitten im Gespräch waren, bekam ich keinen Anpfiff wegen meiner Verspätung.

»Erzähl weiter, Calvin!«, sagte Mama und zündete die Öllampe an. Strom haben wir nur bis acht Uhr abends. Mama stellte wortlos einen vollen Teller mit Reis und Gemüse vor mich hin.

»Also«, begann Papa. »Wir saßen schon im Bus, auf dem Weg heimwärts. Der Bus war voll besetzt. Die Leute standen sogar im Mittelgang. Da stieg an der dritten Haltestelle hinter Dar es Salaam ein weißer Mann ein.«

»Ein weißer Mann in einem unserer Busse?«, fragte Mama ungläubig. Weil weiße Männer meist in eigenen Autos fahren und selten in unsere klapprigen Busse steigen.

»Richtig, ein ganz normaler weißer Mann«, bestätigte Papa. »Er war so um die fünfzig, keiner der jungen Leute mit Rucksack und Ohrringen, wie man sie jetzt überall sieht. Er guckte sich um. Alle Plätze waren besetzt. Ein Junge von vielleicht vierzehn Jahren, zwei Reihen vor mir, rückte ein bisschen beiseite, damit der Weiße noch einen Sitzplatz hatte.«

»Hat er sich hingesetzt?«, fragte Mandela.

»Ja. Er hat sich hingesetzt.«

»Und dann?«

»Also: Das Geplapper im Bus war verstummt, weil alle auf ihn guckten. Ein weißer Mann in einem unserer Busse ist eine Seltenheit.«

»Eine Seltenheit. Ich weiß«, sagte Mama ungeduldig, »erzähl weiter!«

»Der Mann hatte tolle Schuhe an. So halbhohe Schuhe mit dicken Sohlen. So ganz kräftige Schuhe, versteht ihr? Man konnte sie gut sehen, weil er eine kurze Hose anhatte. So wie früher die englischen Kolonialsoldaten.

Ich glaube, die Europäer nennen solche Schuhe Wanderschuhe. Und der Junge neben ihm, den ich nicht kannte, starrte die ganze Zeit auf die Schuhe des Weißen.«

»Er starrte also auf die Schuhe. Und dann?« Mama drängelte, aber hörte ganz gespannt zu. Mandela, Said und ich natürlich auch. Obwohl ich mit einer Sensation nach Hause gekommen war. Aber die musste warten. Den Schlangenfarmdirektor Calvin Kitumbo unterbricht man nicht, wenn er gerade eine Geschichte erzählt.

»Und dann hat der Junge dem weißen Mann etwas gesagt«, fuhr Papa ruhig fort.

»Was hat er ihm gesagt?«, wollte Mama wissen.

»Er hat gesagt: ›*Bwana!* Gib mir bitte deine Schuhe!‹«

»Was?« Wie aus einem Mund kam unser erstaunter Ausruf.

»Ja, er hat gesagt: ›*Bwana,* gib mir bitte deine Schuhe. Ich brauche sie.‹«

»Und was hat der Weiße geantwortet?«, wollte ich wissen.

»Nun unterbrecht mich doch nicht dauernd! Also, die Leute im Bus waren jetzt mäuschenstill. Alle wollten hören, was der Weiße sagen würde. Der schwitzte schon, aber die Weißen schwitzen ja immer. Weil sie die Hitze nicht so kennen wie wir.«

Papa beugte sich jetzt über den Tisch und guckte in die Runde. »Der weiße Mann sagte: ›Ich kann sie dir nicht geben, mein Junge! Ich kann ja nicht barfuß durch Afrika laufen.‹

Da brüllten die Leute los, sie lachten wie verrückt. ›Der weiße *Bwana* will nicht barfuß durch Afrika laufen‹, geierten sie. Sie kriegten sich gar nicht mehr ein. Dann aber war wieder Ruhe, man hörte nur den Fahrtwind und den Motor des Busses.

Alle wollten wissen, wie es weiterging. Da griff der Junge nach unten, er hatte seine alten Treter, so kaputte abgelaufene Dinger, ausgezogen und hielt sie dem Weißen vor die Nase.

›Du kriegst meine dafür. Dann bist du nicht barfuß‹, sagte er ganz ernst. Der Weiße starrte einen Moment lang auf die uralten Turnschuhe vor seinem Gesicht.

›Die passen nicht‹, sagte er mürrisch. ›Die sind doch viel zu klein!‹

Die Leute im Bus murmelten allgemeine Zustimmung. Jeder konnte ja auf einen Blick sehen, dass sie zu klein waren für den weißen *Bwana*.«

Mein Vater machte eine Pause und lehnte sich zurück.

»Und wie ging es weiter?« Mama setzte sich jetzt auch an den Tisch, denn die Geschichte war sicher noch nicht zu Ende.

»Da zog der Junge ein Taschenmesser heraus, klappte es auf und zeigte auf die Spitzen seiner Schuhe. ›Hier könnte man sie aufschneiden, damit deine Zehen Platz genug haben‹, sagte er. ›Dann passen sie dir, *Bwana*!‹

Der Weiße sagte erst einmal nichts, er starrte auf das Messer, dann auf die Schuhe des Jungen.

Da mischte sich ein alter Herr ein, so ein *Mzee* mit weißen Haaren. Er stand auf und sagte in die Runde: ›Hört mal alle zu! Was der Junge da vorschlägt, geht auf keinen Fall! Ein Weißer kann unmöglich mit Schuhen durch Afrika laufen, wo die Zehen vorne herausgucken! Das weiß doch jeder!‹

Die Leute diskutierten einen Augenblick lang wild durcheinander, dann gaben sie dem alten Mann Recht.

Der war aber noch nicht fertig: ›Außerdem sieht dieser Weiße ganz so aus, als würde er auf der Straße gern mal gegen eine Blechbüchse treten.‹

›Richtig, so sieht er aus, das erkennt man auf einen Blick‹, kam es von allen Seiten.

Der Weiße protestierte aufgebracht, er würde in Afrika nie gegen Blechbüchsen treten. Er schien aber auch erleichtert zu sein. Froh darüber, dass ihm jemand half. Da zog der alte Herr einen seiner eigenen Schuhe aus und zeigte ihn herum. Er sagte so laut, dass alle es hören konnten: ›Ich habe einen anderen Vorschlag. Man kann da, wo die Hacke sitzt, das Leder heruntertreten, so wie ich das gemacht habe. Guckt mal!‹ Wieder zeigte er den Schuh herum. Er war hinten an der Hacke nach innen geklappt, wie bei Pantoffeln. ›Damit kann auch ein weißer *Bwana* in Afrika herumlaufen!‹

Wieder Stimmengewirr überall im Bus: ›Ja, das geht, das ist ein kluger Vorschlag, darauf kann der weiße *Bwana* eingehen, das ist gut, das ist die beste Lösung‹, und so weiter.

Alle guckten jetzt nur noch auf den Schuh mit dem heruntergeklappten Teil an der Hacke und auf den Weißen, der noch gewaltiger schwitzte und ganz rot war im Gesicht. Was würde er sagen?«

»Also, was sagte nun der weiße Mann?«, fragte Mama, zunehmend ungeduldig.

»Der weiße *Bwana* stand plötzlich auf, stampfte mit seinen tollen Schuhen auf den Boden und rief laut und trotzig durch den ganzen Bus: ›Ich – behalte – meine – Schuhe! Verdammt noch mal!‹

Da klatschten alle begeistert, als wäre das die Lösung. ›Er behält seine Schuhe!‹, riefen sie durcheinander. ›Ja, er hat gut entschieden. Richtig, der weiße *Bwana* behält seine Schuhe.‹

Alle schienen mit dieser Lösung zufrieden zu sein. Auch der Junge zog sich seine alten Treter wieder an, steckte sein Messer ein und sah gar nicht enttäuscht aus. Er hatte es wenigstens versucht. Vielleicht dachte er: *Beinahe* hätte ich tolle Schuhe bekommen.«

»Und wie ging es weiter?«

»Da stand der alte Mann noch einmal auf. Mit einer Handbewegung forderte er Ruhe.

›Ja, dieser Mann behält seine Schuhe‹, rief er bedächtig. ›Und was lernen wir daraus?‹ Fragend blickte er in die Runde. ›Wir lernen daraus, dass dieser Mann ein kluger Mann ist. Weiße sind nicht dümmer als wir Afrikaner, auch wenn manche es behaupten! Ich will euch sagen, was man noch daraus lernt, denn ich sehe so viele Dummköpfe unter euch: Wer unterwegs in Afrika ist, braucht gute Schuhe. Egal, ob er gern gegen Blechbüchsen tritt oder nicht!‹

Ihr könnt euch nicht vorstellen, was da los war im Bus. Beifall brandete auf, alle nickten zustimmend und lobten den Alten für seine Klugheit. Jemand begann zu singen, und viele stimmten ein, eine Strophe nach der anderen. Das Lied fing an mit dem Satz ›Der weiße *Bwana* behält seine Schuhe … Yeah, yeah, yeah!‹ Dann hielt der Bus und die meisten stiegen aus und sangen auf der Straße weiter. Auch der Weiße verließ uns. Er machte einen erleichterten Eindruck.«

Papa und alle Mitreisenden hatten eine vergnügliche halbe Stunde erlebt.

»Ja, ja, die Weißen«, sagte Mama, räumte die Teller ab und wischte mit einem Tuch über den Tisch. »Aber man sollte sie nicht so veralbern, Calvin!«

»Wieso veralbern? Wir haben dem Mann doch geholfen, seine Schuhe zu behalten!« Papa guckte, als könnte er kein Wässerlein trüben. Aber Mama giftete ihn an:

»Ihr habt auf seine Kosten Witze gemacht! Du weißt genau, was ich meine. Kein Wunder, dass die Weißen so oft komische Sachen über uns Afrikaner erzählen. Die verstehen doch unseren Humor nicht! Schluss jetzt mit der Debatte: Ab ins Bett mit den Kindern!«

Ich sprang auf und protestierte. »Moment mal! Jetzt hört mir doch noch ein paar Minuten zu!«

»Was ist denn noch?«, fragte Papa. Er war schon auf dem Weg nach draußen.

»Ich habe unseren Trainer Nkwabi getroffen. Unsere Mannschaft fährt zum Rückspiel nach Deutschland. Was sagt ihr jetzt?«

Da stand ich im Regen

Wenn ich geglaubt hatte, für Mama wäre das eine sensationelle Meldung, hatte ich mich geirrt.

»Für noch eine witzige Geschichte ist es heute zu spät, mein lieber Nelson. Ab ins Bett mit euch!« Sie hob schon das Glas der Öllampe, um die Flamme auszublasen, und wartete, dass wir uns davonmachten. Ich protestierte, indem ich stur am Tisch sitzen blieb.

»Das ist keine witzige Geschichte, Mama! Nkwabi hat eine Mail bekommen. Wir sind eingeladen! Echt!«

»Ins Bett, habe ich gesagt!«

Es war sinnlos zu versuchen, meine Eltern zu überreden. Papa rauchte draußen seine Zigarette. Er glaubte tatsächlich, Mama würde nichts davon merken. Ich war ziemlich sicher: Sie ließ ihn einfach in seinem Glauben.

Mandela sah mich nachdenklich an. Sie hatte begriffen, dass ich keinen Scherz vom Stapel gelassen hatte. Vor unserer Schlafzimmertür hielt sie mich am Ärmel fest.

»Und wie soll das gehen?«, flüsterte sie.

»Keine Ahnung. Wir bereden das morgen, um fünf Uhr bei Nkwabi im Büro. Dann kommen auch Tutupa, Guido, Kassim und Mirambo. Sag du morgen Hanan und Hanifa Bescheid, ja?«

»Aus der Reise wird nichts«, sagte sie ein bisschen traurig. Dann verschwand sie hinter den Vorhang, um sich die Zähne zu putzen. Als sie sich in ihr Bett legte und das Laken über sich zog, sagte sie nichts mehr.

Ich lag noch lange im Dunkeln wach.

Wie die kleinen Krebse am Strand aus dem Sand nach oben kriechen, krochen in meinem Kopf eine Menge der Probleme zu Tage, an die ich im ersten Moment vor Überraschung und Freude nicht gedacht hatte.

Hatte Willi sich mit seiner E-Mail einen Scherz mit uns erlaubt? Ausgeschlossen. Was er geschrieben hatte, meinte er auch so.

Die Reise zu bezahlen war eine Sache. Ich hatte aber noch ganz andere Fragen.

Wer würde für Papas Schlangen die Frösche und Mungos aus den Sümpfen holen, wenn wir drei, Said, Mandela und ich, abgereist waren?

Ohne unsere Hilfe konnte er seinen Laden dichtmachen.

Wer würde Geld für Saids Familie verdienen? Sein Vater war immer noch krank.

Wer sollte die Tintenfische an Yakobos Stelle aus dem Wasser holen?

Tutupa hatte gerade einen Job im Supermarkt angenommen. Konnte er es sich leisten, ihn schon wieder aufzugeben?

Hanifa lernte neben der Schule auf Frisörin. Als wenn sie unbezahlten Urlaub kriegen würde. Von so einer Art Urlaub hatte ich mal im Fernsehen gehört, bei uns gab es so etwas sicher nicht.

Was der große Mirambo in seiner Freizeit so machte, wusste ich nicht. Es wurde Zeit, ihn mal zu fragen.

Ich war schließlich der Kapitän der Mannschaft und verantwortlich. Mir sollten manche Fehler nicht noch einmal passieren. Mir steckte noch in den Knochen, wie Kassim mit mir nachts über Saids Lage geredet hatte.

Und Kassim? Der wäre ohne Probleme dabei, vermutete ich. Ebenso einige andere, deren Eltern nicht so arm waren.

Ich nahm mir vor, am nächsten Morgen alle Fragen aufzuschreiben. Dann zog ich das Laken über die Schultern. Um sechs würde Said vor der Tür stehen, um mit mir in die Sümpfe zu gehen.

Ich hatte geglaubt, meinen Leuten eine Sensation zu liefern. Stattdessen hatten sie mich ganz schön abfahren lassen.

Dann schlief ich doch noch ein.

ARBEIT IN DEN SÜMPFEN

Said war nicht nur der beste Spieler unserer Mannschaft, er hatte auch schnell gelernt, wie man Fallen für Frösche, Mungos, Mäuse und Ratten stellt. Seit mein Vater ihn eingestellt hatte, war für mich die Arbeit leichter geworden. Und nicht mehr so einsam.

An den ersten Tagen hatte er seine alten, aber frisch gewaschenen Arbeitsklamotten angezogen. Ehrlich gesagt: Er ging in zerrissenen Lumpen. Dann besorgte Mama ihm eine gebrauchte, aber gute Hose und zwei neue Hemden.

»Ich komm mir vor wie ein Geschäftsführer«, sagte er grinsend und schleppte die schwere Falle für Mungos durch den Schlamm. Wir hatten jetzt beide stabile Gummistiefel an, seit ich mir an einem Eisenblech fast den halben Fuß abgeschnitten hatte.

An diesem Morgen stand ich wegen der Einladung nach Deutschland mächtig unter Druck. Ich beschloss, Said davon zu erzählen. Er war verschwiegen wie ein Grab. Er wischte sich gerade den Schlamm von den Händen, stand breitbeinig am Rand des Tümpels und sah mich an.

»Schöne Idee«, sagte er, »aber es geht nicht.«

»Wieso nicht?«, wollte ich wissen.

Er beeilte sich nicht mit seiner Antwort, sondern zog die Plane über unsere Karre. Darunter rumorte es gewaltig, denn wir hatten an diesem Morgen einen guten Fang gemacht. Papa würde zufrieden sein.

»Dieser Willi mit den roten Haaren ist ja ein netter Kerl. Aber wie soll das gehen? Meinst du, dein Alter bezahlt mein Gehalt, wenn ich für eine Woche oder zwei nach Deutschland abdüse? Und auf einem Platz in Deutschland in Turnschuhen spielen? Mit Mädchen in der Abwehr? Wie stellst du dir das vor, Mister Nelson?«

Ich zuckte mit den Schultern. Als wenn ich auf solche Fragen eine Antwort wüsste!

»Wir reden heute Nachmittag um fünf darüber in Nkwabis Büro.«

»Da kann ich nicht«, sagte Said. »Ich muss der Chefin bei der Wäsche helfen.« Ganz selbstverständlich nannte er meine Mama ›Chefin‹.

»Macht nichts. Es gibt noch eine Menge anderer Probleme«, sagte ich. »Ich geh mit Mandela hin. Tutupa und Mirambo kommen auch.«

»Mirambo kann auch nicht mitreisen«, sagte Said.

»Wieso? Woher weißt du das?«, fragte ich ahnungslos.

»Der hat auch einen Job.« Das sagte Said ziemlich kurz angebunden und guckte an mir vorbei. Dann griff er sich die Bügel der Karre und zog sie aus dem Schlammloch. Ich schob nach, bis wir auf der festen Straße waren. Die hohen Bäume am

Wegrand blühten immer noch lila und gelb. Um diese Tageszeit war die Luft frisch und angenehm.

»Was für einen Job?«, wollte ich wissen. Said schwieg. Das war gar nicht seine Art. Wie ein fleißiger Esel zog er die Karre hinter sich her und tat so, als hätte ich nichts gefragt.

»Was für einen Job, hab ich gefragt«, bohrte ich nach. »Ich weiß nichts von seinem Job.«

»Besser gar nicht drüber reden«, murmelte Said. »Ist nicht so angesehen, was er macht.«

Ich ging jetzt neben meinem Freund und hatte mir den Strick über die Schulter geworfen, um ihm beim Ziehen zu helfen. Said schwieg immer noch.

»Los, was macht er?« Jetzt wollte ich es wissen.

»Besser, du weißt es nicht.«

»Drogen?« Said sagte nichts. Also hatte ich Recht mit meiner Vermutung. Scheiße. Ich hatte immer befürchtet, dass einer meiner Freunde sich auf solche Sachen einlassen würde. Und Mirambo mit seinen ein Meter achtzig Körpergröße war für den Job geeignet. Der kam in jeden Nachtclub und in jedes Hotel rein, ohne dass man seinen Ausweis sehen wollte.

»Weißt du es schon lange?«, fragte ich leise.

Said schüttelte den Kopf, dann stellte er die Karre ab, reckte seine Schultern und sah mich an.

»Er wollte, dass ich mitmache. Da wäre eine Menge zu verdienen. Ich habe abgelehnt. Jemand aus einem Hotel hat ihm ein Angebot gemacht, und er brauchte Geld. Man hat ihm gesagt, es sei völlig ungefährlich, nur ab und zu Botendienste. Da gäbe es keine Probleme.«

27

»Und er war einverstanden?«

»Ja, verdammt! Er hat ja niemanden hier, keine Eltern, keine Geschwister. Und will weiter zur Schule. Und bei uns in der Mannschaft mitmachen. Guck dir mal das Loch an, in dem er schläft. Da haben es die Ratten in der alten *Boma* gemütlicher ... Nicht jeder hat soviel Glück wie ich!«

»Soll ich mal mit meinem Papa sprechen?«

»Nein. Der geht sofort zur Polizei.«

»Das macht er nicht. Vielleicht weiß er einen Rat. Mirambo können wir da nicht drin steckenlassen!«

»Mister Kitumbo kann ihm ja nicht auch noch einen Job geben. Also besser, du behältst es für dich.«

Ich war ratlos, genauso wie Said. Konnte ich einfach vergessen, was er mir da erzählt hatte?

Vielleicht sollte ich mit Nkwabi darüber sprechen. Niemand hatte uns dringlicher vor den Drogenhändlern gewarnt als er! Vielleicht hatte er nach der Besprechung über die Deutschlandreise einen Moment Zeit.

So als hätte er meine Gedanken erraten, sagte Said: »Und kein Wort darüber zu Nkwabi! Er schmeißt ihn sofort aus der Mannschaft!«

Ich nickte. Aber das Problem war damit ja nicht gelöst.

Wie eine faule Mango

Als die Mannschaft mich vor einem Jahr zum Spielführer wählte, hatte der Vorsitzende Maeda Haji von der großen Verantwortung und so gesprochen. Na, wunderbar! Jetzt hatte ich nicht nur die Einladung mit allen Folgen am Hals, sondern auch die Probleme eines Mitspielers, der krumme Geschäfte machte. Ich dachte an meine Liste mit offenen Fragen und hätte am liebsten laut gerufen:

Was geht mich das an? Macht doch euren Kram alleine!

Gegen vier Uhr machte ich mich auf den Weg zu Nkwabis Büro im Kulturzentrum. Ich ging am Strand entlang und war dieses Mal froh, allein zu sein. Zu viele Gedanken zappelten in meinem Kopf. Immer wieder kramte ich meinen Zettel mit Notizen heraus und schrieb ein neues Stichwort auf, an das ich denken musste.

Meine Freude über die Einladung war inzwischen verflogen. Als hätte ich eine faule Mango in der Tasche!

Missmutig trabte ich vor mich hin.

Wenn ich sonst den alten *Mzee* Alex an seinen Booten arbeiten sehe, bleibe ich immer stehen, um ein paar Worte mit ihm zu reden. Heute winkte ich ihm nur kurz zu. Er stand nachdenklich da, den Hammer in der Hand, eine Kippe im Mundwinkel, die niemals brannte, und sah mir nach.

Der kriegte auch auf eine Entfernung von zehn Metern mit, wenn man nicht so gut drauf war.

Am alten Zollhaus vermisste ich die kichernden Mädchen. Die Handwerker am großen Gebäude gegenüber machten gerade Feierabend; die Wände waren schon verputzt und sie hatten begonnen, das Wellblechdach zu erneuern. Der Laden mit den Holzschnitzereien für Touristen schloss gerade. Am Rande des Marktplatzes flackerten wie immer ein paar Feuer. Die stanken, als hätte jemand mit Autoreifen statt mit Holzkohle gestocht. Eine dicke Marktfrau wuchtete sich ein Bündel auf die Schulter und watschelte die Straße hoch.

Alle machten Feierabend. Nur ich ging zur Arbeit.

Aber natürlich war das Unsinn!

»Wann hat man schon einmal im Leben so spannende Probleme zu lösen?! Also, stell dich nicht an, Mister Nelson! Sei ein Kerl!«

Das hatte Papa mir mit auf den Weg gegeben. Ich hatte ihm von meinen Sorgen erzählt, natürlich nichts über Mirambo, und er hatte versucht, mich zu trösten.

Wo steckte Mandela? Kaum dachte ich an sie, schon sah ich sie aus dem Postamt kommen, mit einem Brief in der Hand. Sie ließ ihn blitzschnell unter ihrer Bluse verschwinden, als sie mich sah.

Soll sie doch ihre Geheimnisse für sich behalten!

Früher hätte sie mir den Brief sofort vorgelesen. Vielleicht sind Heimlichkeiten normal, wenn man älter wird. Wir hatten gerade unseren zwölften Geburtstag gefeiert, Mitte Mai. Zwillinge feiern, ob sie wollen oder nicht, immer am gleichen Tag.

»Worum geht es denn heute?« Sie tänzelte auf mich zu, wie fast immer toll herausgeputzt, das musste ich zugeben. Auch wenn mich der Firlefanz bei Mädchen unseres Alters nicht gerade begeistert.

»Um die Einladung, du Knallfrosch! Ich denke mal, wir müssen eine höfliche Form finden, um ihnen zu sagen, dass wir sie nicht annehmen können«, sagte ich.

»Hey, das hörte sich gestern Abend aber ganz anders an!«

»Ich hab eben nachgedacht. Falls du weißt, was das ist«, erwiderte ich giftig. »Da sind zu viele Probleme, die wir nicht lösen können. Ist aber schade, oder?«

»Nicht aufgeben, Nelson!« Sie legte einen Arm um meine Schultern und drückte mich fest an sich. »Ich kann mir denken, wie du dich fühlst. Du musst ja nicht alle Probleme allein lösen. Ich denke mal, dass Nkwabi, Hussein Sosovele und Pater Jonathan dazu auch noch was zu sagen haben. Die kennen sich aus mit Europa.«

»Du würdest gern fahren?«, fragte ich vorsichtig. Und wunderte mich, dass sie richtig verlegen wurde, als sie nickte.

»Spielen wir denn da gegen die gleiche Mannschaft?«, fragte sie wie nebenbei. Sie hätte auch fragen können: Spielt dieser Nicki wieder mit?

Aber was ging mich das an, wenn sie sich verknallt hatte.

Die Tür zu Nkwabis Büro stand offen wie immer. Hussein Sosovele war gekleidet, als müsste er zum Empfang beim Staatspräsidenten. Er lümmelte am Schreibtisch und hatte die Füße, die in eleganten Schuhen steckten, auf den Tisch gelegt.

Er war bei uns in Bagamoyo der einzige Profispieler, der in Europa Fußball gespielt und dabei viel Geld verdient hatte.

Nkwabi war noch nicht da, wir begrüßten den berühmten Mann mit Handschlag. Seine Füße blieben auf dem Tisch.

»Nkwabi hat mich hierher bestellt. Was liegt an, Mister Nelson?«, fragte er.

»Das weiß Nkwabi besser«, wiegelte ich ab. »Da kommen ja noch ein paar Spieler. Und ich glaube, auch Pater Jonathan.«

»Soll der für uns 'ne Andacht halten, oder wie? Dafür habe ich keine Zeit. Was meinst du, was auf den Finanzmärkten im Moment los ist!«

»Sicher hat Nkwabi was Wichtiges.« Ich hatte keine Lust, die Auskunft zu spielen. Und von seinen Geldgeschäften wollte ich auch nichts hören. Das hatte er mir vor ein paar Monaten schon alles erzählt. Wie man leiden muss, wenn man reich ist. Da kann ich doch nur lachen.

Da trudelte Nkwabi ein, mit ihm Mirambo, Tutupa, Hanan, Hanifa, Kassim und Guido. Kaum hatte Nkwabi die Tür hinter sich geschlossen, klopfte es. Pater Jonathan steckte seinen bärtigen Kopf durch die Tür. An seinen lustigen Augen sah ich, dass er etwas getrunken hatte.

»Bin ich hier richtig?«

Wie der Rote Willi sich das so denkt

Als alle saßen, einige der Spieler auf dem Boden, zog Nkwabi ein Blatt Papier aus seiner Hosentasche.

»Hört mal her! Hier habe ich einen Brief von Willi. Das ist dieser rothaarige Trainer der Turniermannschaft:

Liebe Freunde in Bagamoyo,

Nelson gegenüber habe ich es schon angedeutet, jetzt wird es ernst: Anfang August fangen bei uns die Ferien an. Wir möchten die ganze Mannschaft plus Begleitung von drei Personen nach Deutschland einladen. Zum Rückspiel. Ihr schuldet uns die Revanche. Der Fanclub BVB International sammelt schon Geld für die Flugtickets. Einzelheiten klären wir, wenn Ihr einverstanden seid. Meldet Euch bald, damit ich alles in die Wege leite.

Liebe Grüße
Euer Willi«

»Was ist denn BVB?«, fragte Kassim.

»Dortmund«, knurrte Sosovele und sah auf seine Armbanduhr. »So nennt sich eine Stadt da bei denen.«

»Wie denken die versammelten Spieler über die Einladung?« Nkwabi sah in die Runde. Sein Gesicht war ernst. Als er mir gestern davon erzählte, war er ganz aus dem Häuschen vor Freude. Vermutlich hatte er, ebenso wie ich, nachgedacht und ihm war klar, dass eine Menge Probleme auf uns zukamen.

Keiner sagte ein Wort, ich sah, dass es in den Köpfen meiner Freunde arbeitete. Mirambo guckte vor sich auf den Boden, kratzte sich am Bauch und holte seine Zigaretten aus der Hosentasche.

»Hier nicht rauchen«, sagte Nkwabi. Da nahm Sosovele seine Füße vom Tisch und blickte in die Runde.

»Ich habe natürlich mit eurer Entscheidung nichts zu tun, Freunde. Aber wenn ihr mich fragt, sage ich: Vergesst die Sache einfach! Aus der Reise wird nichts!«

Wieder langes Schweigen. Da räusperte sich Pater Jonathan und wandte sich an Hussein. »Eine solche Reise wäre aber ein großes Abenteuer, mein Freund!«

»Wenn man in einem Preisausschreiben einen Kuss von Claudia Schiffer gewinnt, ist das auch ein großes Abenteuer, Pater! Aber dazu gehört mehr …«

»Wer hat denn den Kuss gewonnen?«, fragte Hanan zaghaft.

»Das war nur so ein Beispiel, junge Frau! Ein Beispiel dafür, dass man die Einladung ruhig und sachlich überdenken sollte. Ob das überhaupt geht!«

»Die zahlen alles«, sagte Kassim. »Ist doch klar!«

»Das meinst du, junger Freund! Soll ich euch mal einige Gründe aufzählen, die gegen die Reise sprechen?« Er klopfte mit dem Knöchel auf den Schreibtisch und sah sich herausfordernd in der Runde um.

»Na los, kann nicht schaden. Du kennst dich ja aus!«, sagte Nkwabi.

Sosovele war jetzt ganz konzentriert. Er sprach langsamer als sonst, man sah, dass es in seinem Kopf arbeitete. »Ich will jetzt gar nicht erwähnen, wie das für jeden Einzelnen aussieht, mit Familie und Jobs und zu Hause helfen und so. Das könnt ihr besser einschätzen. Ich nenne nur ein paar Punkte, die mir außerdem einfallen. Also:

Wir lassen nette Freunde aus Europa Geld sammeln wie für Mutter Teresa oder hungernde Kinder in Somalia, damit wir eine Reise machen können. Das gefällt mir nicht! Was in euren Köpfen herumgeistert, dass sie da alle reich sind, ist Quatsch!

Punkt zwei: Angenommen, wir nehmen die Einladung an.« Er sah sich wieder in der Runde um. »Wollt ihr barfuß in Deutschland herumlaufen? In euren lumpigen Klamotten? Wollt ihr in euren abgetretenen Turnschuhen im Borussia-Stadion einlaufen? Wer von euch hat denn schon einen Reisepass, he? Für das Visum braucht ihr einen Pass und eine Krankenversicherung. Den Pass kriegt ihr kleinen Scheißer aber nur, wenn eure Eltern ordentliche Papiere vorweisen können. Da fragt mal erst eure Eltern! Ich bin sicher, dass die Hälfte von ihnen nicht mal ordentliche Ausweise hat.«

Er holte Luft, seine Stimme war ein bisschen heftiger geworden.

»Pässe kriegt ihr hier in der Verwaltung, aber nicht das Visum! Nein, da müssen eure Eltern mit euch und ihren Papieren zur Deutschen Botschaft nach Dar es Salaam! Das kostet alles Geld. Der Pass kostet 'ne Menge, das Visum noch einmal viel Geld. Falls man es euch überhaupt gibt! Das ist überhaupt nicht sicher! Wer bezahlt Pass und Visum? Wo wollt ihr wohnen? Ihr geht in ein Hotel, Zimmer mit Bad. Alles klar! Ihr geht durch die Einkaufsstraßen, da werden euch die Augen übergehen, Freunde! Da seht ihr Sachen, die kennt ihr nur aus dem Fernsehen. Und dann wollt ihr sie haben. Und wer bezahlt das alles? Dann wollt ihr einen Ausflug machen und steigt in die Eisenbahn. Wollt ihr für all das den guten Willi um Geld anbetteln? Oder die netten Spieler?«

»Die sind alle reich, Geld ohne Ende«, ereifert sich Mirambo, »jeder hat im Garten einen Swimmingpool! In jedem Zimmer heißes Wasser.«

»Hast du nicht zugehört, was Hussein darüber gesagt hat?«, giftete Nkwabi ihn an.

»Ist doch egal, wo das Geld herkommt! Weiß doch jeder, dass die Kohle haben«, sagte Guido.

Da mischte sich Sosovele wieder ein. »Pater Jonathan! Du kennst dich am besten aus. Auch wenn du schon lange hier in Bagamoyo lebst. Sag du mal was!«

Nkwabi ging zum Kühlschrank und holte zwei Flaschen Bier. Eine öffnete er für Sosovele, die andere für den Pater. Der bekam ganz glänzende Augen.

»Also, ich fände es gut, wenn die Mannschaft reisen könnte. Probleme kann man lösen. Und schlafen können sie bei den

Leuten, die zur Mannschaft gehören. Oder in einer Turnhalle, auf Luftmatratzen. Und da gibt es auch Jugendherbergen ...«

»Was ist das denn?«, wollte Mandela wissen.

»Da können Kinder und Jugendliche billig schlafen. Gibt es hier noch nicht«, erklärte der Pater.

»Aber jetzt sag mal was zu den anderen Problemen, Pater!«

Jonathan nahm einen kräftigen Schluck aus seiner Flasche. »Du hast ja Recht, Hussein. Die können nicht in Lumpen und barfuß reisen. Und nicht in Turnschuhen antreten. Das kostet alles Geld. Aber das ist nicht meine größte Sorge. Mir passt es nicht, dass unsere Spieler wie Bettler reisen, für die unsere Freunde auf die Mitleidstour Euro für Euro sammeln. Es ist nicht egal, Guido, wo das Geld herkommt! Nkwabi hat völlig Recht, wenn er sagt, dass die wenigsten Leute in Deutschland reich sind. Die arbeiten hart, und so ein Fanclub muss sich ganz schön anstrengen, wenn er das Geld für die Flüge übernehmen will. Das wäre 'ne Knochenarbeit! Das kann man ihnen nicht zumuten!« Er legte eine nachdenkliche Pause ein. »Aber ich denke da an was anderes. Wie wäre es, na ja, man könnte vielleicht, ... es wäre etwas anderes, wenn sie die Kohle von der Regierung bekämen, oder einer Organisation. Aus einem Programm für internationale Verständigung, Jugendaustausch oder so. Verstehst du?«

Sosovele sah ihn aufmerksam an. »Gibt es so was tatsächlich, Pater? Daran habe ich nicht gedacht. Wie gut, dass wir einen studierten Gottesmann unter uns haben.«

»Willi könnte es wenigstens versuchen«, sagte Jonathan. »Sicher ist das nicht, dass die für Fußballer bezahlen!«

»Aber was macht das für einen Unterschied, Pater?«, fragte ich, um endlich auch mal was zu sagen. Meine lange Liste der Probleme, die ich mir notiert hatte, hielt ich immer noch in der Hand.

»Ich will dir sagen, was der Unterschied ist, Mister Nelson! Dann reist ihr nicht als Bettler, sondern seid Gäste! Ehrliche Gäste!«

»Was werden Willi und seine Freunde dazu sagen, wenn wir ihre Hilfe ablehnen?«, fragte ich.

»Es kommt darauf an, wie wir ihm das beibringen. Willi ist ja nicht blöd, der versteht ein klares Wort.«

»Und die anderen Probleme? Wie lösen wir die?«, bohrte ich nach.

»Welche meinst du?« Sosovele und alle anderen sahen mich an.

»Ich hab mir mal einiges notiert. Also: Said und ich, wir arbeiten jeden Tag für die Schlangenfarm von meinem Papa. Wenn wir zwei Wochen weg sind, kann er seinen Laden dichtmachen. Und Said braucht das Geld für seine Familie.

Hanifa macht eine Ausbildung, sie will Frisörin werden. Yakobo fängt Tintenfische und verkauft sie. Tutupa arbeitet im Supermarkt, immer direkt nach der Schule bis 19 Uhr. Andere haben auch Jobs. Mirambo zum Beispiel. Ich weiß sie jetzt nicht alle.

Und dann die Klamotten. Ohne Fußballschuhe können wir da nicht antreten. Vielleicht könnten wir welche leihen … Oder? Aber die anderen Sachen, bessere Klamotten, das können die ja nicht alles bezahlen! Und wer weiß, ob wir da mit den Mädchen in der Verteidigung antreten können.«

Ich war noch ganz benommen von dem, was Hussein Sosovele

uns um die Ohren gehauen hatte. Aber ich gab mir einen Ruck: »Selbst wenn wir Fußballschuhe kriegen: Mit denen können wir ja nicht tagsüber rumlaufen, oder? Und barfuß auch nicht.«

Da fiel mir noch etwas ein. Vor einigen Tagen war im Fernsehen ein Film gelaufen, da wurde berichtet, dass man einen Afrikaner in Deutschland totgeschlagen hatte. Weil er schwarz war. Sollte ich das hier anbringen?

»Und dann ist da noch etwas, ich weiß es aus dem Fernsehen. Rassismus oder so. Verachtung für die Afrikaner. Da kennt sich Sosovele besser aus.«

Sosovele zupfte an seinem eleganten Hemdkragen, alle blickten jetzt auf ihn. Er ließ sich Zeit, sah in die Runde.

»So was gibt es«, sagte er bedächtig. »Aber macht euch deshalb mal nicht in die Hose. Ihr seid bei Freunden, und schwarze Fußballspieler sind inzwischen sehr angesehen in Deutschland. Idioten gibt es trotzdem, aber im Ruhrgebiet weniger als anderswo. Ich habe damit nie Probleme gehabt. Da wirft schon mal ein Arschloch eine Banane auf das Spielfeld und kommt sich groß vor. Aber meistens kriegt der dann Prügel von den anderen.«

»Wieso eine Banane?«, fragte Mandela arglos.

»Weil einige Europäer denken, wir würden den ganzen Tag Bananen fressen, wie die Affen«, lachte Sosovele. »Unglaublich, was die für einen Blödsinn über Afrika in ihren Köpfen haben …« Er blickte auf seine teure Armbanduhr und erhob sich. »Also, Leute, ich muss gehen, es ist gleich acht. Auch die Kinder müssen ins Bett. Ich schlage vor, dass wir das mal alle überschlafen. Wann habt ihr euer nächstes Training?«

»Übermorgen um drei«, sagte Nkwabi.

»Ich komm gern, wenn ihr wollt. Aber ich habe ganz große Zweifel, liebe Freunde, ob wir das hinkriegen. Besser, ihr rechnet nicht mit der Reise!«

Auch Pater Jonathan erhob sich. »Ich muss auch los und morgen früh raus. Die Frühmesse. Also, wir sehen uns auf dem Platz. Übermorgen.«

Machen die Weissen es so wie wir?

Sosovele nahm Pater Jonathan in seinem Wagen mit. Als er startete, flog uns der Schotter um die Ohren. Trainer Nkwabi schloss die Tür ab und machte sich auf den Weg zu seiner Familie.

Wir Spieler saßen noch ein bisschen an der Bühne unter den Bäumen herum, deprimiert und aufgeregt zugleich. Mirambo hatte sich aus dem Kühlschrank unbemerkt eine Flasche Bier mitgenommen. Mit den Zähnen entfernte er den Kronkorken und bot uns an, zu trinken. Außer Kassim hatte keiner Lust auf Bier.

Mirambo leerte, nachdem Kassim sich einen Schluck genehmigt hatte, den Rest auf einen Zug, warf die Flasche ins Gebüsch und steckte sich genüsslich eine Zigarette an.

»Dass es in Deutschland auch arme Leute gibt, ist ja wohl ein Märchen! Damit wollen sie die Einladung kaputt machen.« Guido knabberte an einer unreifen Mango, warf sie aber sofort weg.

»Finde ich auch. Die haben in jeder Wohnung ein Klo, hab ich gehört«, behauptete Hanifa.

»Das glaubst du doch selber nicht. Das stinkt doch!«, ereiferte sich Hanan.

»Garantiert in jeder Wohnung! Wie in manchen Filmen!«

»Im Film kann man viel zeigen. Vielleicht haben sie Badezimmer?«

»Und warum riechen die dann alle so komisch?«

»Nicht alle riechen komisch.«

»Machen die denn genauso wie wir? Ich meine, auf dem Klo?«

Ausgelassenes Gelächter.

»Klar! Hab ich mal bei der Mission nachgeprüft. Die machen genau wie wir!« Omari blickte stolz in die Runde; er hatte im Café der Mission ausgeholfen.

»Nur den Hintern wischen sie mit Papier ab. Ganz ohne Wasser.«

»Aber rund um die Uhr haben die fließendes Wasser. In jeder Wohnung elektrischen Strom.«

»In jedem Haus 'ne Rolltreppe«, schob Hanan nach.

»Quatsch«, widersprach ich. »Die gibt es nur in Flughäfen.«

»Am meisten Angst habe ich vor dem Essen.« Mandela zog eine Grimasse. »Kartoffeln jeden Tag, und so!«

»Ist Reis bei denen verboten?«

»Im Hotel habe ich mitbekommen, dass sie etwas essen, das sie Sauerkraut nennen. Ich hab mal probiert. Ekelhaft!«

»Die Zigaretten machen die in Töpfen aus, in denen Blumen wachsen. Habe ich in einem Film gesehen. Und außerdem überall 'ne Menge Katzen!«

»Puh! Katzen!«, jaulte Hanifa. »Dann hänge ich mir aber

Amulette um. Auch wenn Mister Nelson gegen Zauberkram ist.«

»Du kannst machen, was du willst! Das ist vielleicht alles Quatsch«, sagte ich genervt. »Wir fragen Pater Jonathan. Der kann uns sagen, wie es in seinem Land zugeht. Wir sollten lieber überlegen, was wir tun können, um Geld zu verdienen. Falls wir überhaupt da hinfahren. Für Fußballschuhe und Klamotten. Und etwas für die täglichen Ausgaben.«

»Tanzen wäre was. Habt ihr mal Weiße tanzen sehen? Der absolute Horror! Aber zugucken tun die gern bei uns!«

Diese Wortmeldung kam natürlich von Mandela.

»*Bongo Flava-Rap*«, sagte Mirambo. »Auf Suahili! Wie aufm Schulhof.«

»Rap! Wahnsinn!«, schrien die drei Mädchen begeistert.

Mandela war aufgesprungen. »*Umojo wa Tanzania.* Das kennt bei denen garantiert niemand. Wenn wir das ein bisschen üben, drei Mädchen, drei Jungs! Mann, das ist die Idee! Das bringen wir auf der Straße. Sechs tanzen, die anderen sammeln Geld ein.«

Ich fand auch, dass Mirambo ins Schwarze getroffen hatte. Der neue Tansania-Rap war der absolute Bringer. Die Rapper kamen sogar aus den USA, um ihn zu lernen.

Trotzdem war ich, ehrlich gesagt, total genervt. Meine Mitspieler taten so, als wäre die Reise nach Deutschland sicher. Hatten diese Flaschen nicht richtig zugehört? Ich wusste ja selber nicht, was uns in Deutschland erwarten würde. Überall erzählte man, dass jeder Tansanier von einer Deutschlandreise reich zurückkommt. Wenn nicht, ist er entweder blöd oder will nichts abgeben. Sosovele und Nkwabi sahen das offenbar anders. Die waren schon oft in Deutschland gewesen. Und ich glaubte irgendwie nicht, dass sie uns leimen wollten. Und der Pater durfte von Berufs wegen nicht lügen. Aber da war mein Papa anderer Meinung.

MANDELA NIMMT MIR EINE SORGE AB

Papa und Mama hatten uns verboten, im Dunkeln am Strand entlang nach Hause zu gehen. Weil da manchmal finstere Gestalten ihr Unwesen treiben. Da bist du schnell deine Schuhe los, deine Armbanduhr oder dein Geld, wenn du welches dabeihast. Wenn sie mit dem Messer vor dir stehen, hast du keine Chance.

Mandela und ich machten uns auf den Weg, am Strand entlang. Zu zweit war das nicht so gefährlich. Und mit Mandela legte sich niemand gerne an.

Wir waren noch völlig beschäftigt mit den vielen Problemen, die zur Sprache gekommen waren. Eine Viertelstunde trotteten wir wortlos nebeneinander her.

»Was ist mit Mirambo los?« Mandelas Frage kam wie ein Schuss aus dem Dunkeln, damit hatte ich nicht gerechnet.

»Was meinst du?«, gab ich unsicher zurück.

»Stell dich nicht blöd, Nelson! Als du ihn und seinen Job erwähnt hast, so wie nebenbei, ist er zusammengezuckt, als hätte er in eine Scherbe getreten. Was ist denn da im Busch?«

Mandela hatte zwar Geheimnisse vor mir, den Brief zum Beispiel, aber das war kein Grund, ihr zu misstrauen. Ich erzählte ihr von dem Gespräch am Morgen, als Said ausgepackt hatte.

»Was willst du tun?«, fragte sie.

»Keine Ahnung. Ich habe versprochen, Nkwabi nichts davon zu erzählen. Er wüsste sicher, was man da machen könnte.«

»Wenn er mit Drogenhändlern zu tun hat und aussteigen will, stechen sie ihn ab.« Mandela blieb einen Augenblick stehen. An solche Folgen hatte ich nicht gedacht. Nun gut, ich bin da sicher ein bisschen naiver als meine Schwester. »Am besten, die Polizei nimmt die ganze Bande hoch. Dann hat er eine kleine Chance, da rauszukommen.«

»Die stecken doch alle unter einer Decke«, sagte ich mutlos.

Mandela zuckte mit den Schultern und wir latschten weiter. Als wir schon die Lichter von unserem Haus sahen, hielt sie mich am Ärmel fest. »Wenn er weitermacht, fassen sie ihn eines Tages«, sagte sie, »willst du darauf warten? Dann können wir ihn für die Mannschaft abschreiben. Dann ist er erledigt, für lange Zeit.«

»Hast du einen Vorschlag, Schwesterchen?«

»Lass mich nachdenken. Ich sag dir morgen früh auf dem Weg zur Schule, wenn mir was eingefallen ist.«

Mama und Papa saßen am Küchentisch und forderten uns auf, Bericht zu erstatten. Und wir erzählten bedrückt, dass aus der Reise wohl nichts werden würde.

»Nicht aufgeben!«, sagte Papa. »Pater Jonathan ist nicht auf den Kopf gefallen, obwohl er nur katholisch ist. Und Sosovele auch nicht. Vielleicht finden die einen Ausweg.«

»Und wie willst du Futter für die Schlangen kriegen? Wenn Said und ich unterwegs sind?«, warf ich aufgebracht dazwischen.

Er grinste. »Das krieg ich schon irgendwie auf die Reihe. *Mzee* Alex hat schon Hilfe angeboten. Er macht das mit seinen beiden Söhnen. Und der Papa von Said schickt zwei von seinen Kindern.«

Ich war echt von den Socken; noch ehe wir richtig Bescheid wussten, hatte die Nachricht von der Einladung in Bagamoyo schon die Runde gemacht. Es war aber ein gutes Gefühl, dass unsere Eltern schon Feuer gefangen hatten. Todmüde schlief ich ein.

Said und ich kamen spät aus den Sümpfen zurück und mussten uns beeilen, pünktlich zur Schule zu kommen. Noch während Said unter der Tonne mit Regenwasser stand und sich duschte, reinigte ich unsere verdreckten Stiefel auf dem Hof. Da kam Mandela von ihrer umfangreichen Morgentoilette zu mir und sagte nur einen Satz:

»Ich rede mit ihm!«

Weil Said auftauchte, kam ich gar nicht dazu, sie zu fragen, mit wem sie reden wollte – und was das denn bringen sollte.

WAS SOLL DIE ROTZNASE IN DEUTSCHLAND?

Der Erste, den Said und ich auf dem Platz antrafen, war der kleine fußballverrückte Sam Njuma.

»Ich fahr mit«, nuschelte er und zog den Rotz hoch. »Ich fahr mit! Damit das klar ist!«

Wir taten so, als hätten wir nichts gehört. Er war zwar kaum sechs Jahre alt, hatte seine großen Ohren aber überall. Weiß der Teufel, wie er von der Einladung erfahren hatte.

Er hatte sich selbst das Lesen beigebracht und besorgte sich auf abenteuerliche Weise täglich eine Zeitung wegen der Sportberichte. Oft lauerte er vor der Bürotür von Pater Jonathan, damit er ihm Englisch beibrachte; ein paar einfache Sätze konnte er schon.

Der arbeitete hart an seiner Karriere als Fußballstar und überließ nichts dem Zufall.

Was sollten wir mit einer kleinen Rotznase auf einer solchen Reise?

Said strich Sam über das krollige Haar und gab ihm eine leichte Kopfnuss. Das nahm Sam ihm nicht übel.

Ohne dass wir darüber sprachen, hatten Said und ich uns innerlich mit der großen Reise beschäftigt. Obwohl so gut wie nichts geklärt war. Am anderen Ende des Platzes tauchte Nkwabi auf, winkte und zeigte auf sein Büro.

Da saß Sosovele am Schreibtisch und kritzelte etwas auf ein Papier. Er war so vertieft, dass er nicht einmal aufsah, um uns zu begrüßen.

»Ich habe mir alles mal durch den Kopf gehen lassen und gestern noch mit Nkwabi telefoniert. Hier ist ein Briefentwurf an den Roten Willi. Hört mal zu:

Lieber Willi,

wir sind alle ganz begeistert von der Einladung. Da hast Du Dir eine Menge Arbeit aufgehalst. Unsere Antwort ist kurz, weil Du bald wissen willst, was Sache ist.
Wir kommen. Reserviere mal 13 Flugtickets für Spieler plus drei Erwachsene und ein Kind. Die Namen geben wir Dir morgen durch.
Unser geistlicher Berater, Pater Jonathan, hat vorgeschlagen, dass Ihr bei Eurer Regierung oder beim Deutschen Fußball-bund einen Antrag stellt (Kulturaustausch oder so), damit die Flüge bezahlt werden.
Alles andere bezahlen wir selbst!!!
Nimm Kontakt auf mit der Deutschen Botschaft in Dar, damit wir ohne Probleme die Visa kriegen. Die stellen sich bei Afrika-nern manchmal blöd an.
Wenn wir zehn Tage kommen, könnten wir zwei oder drei Spie-

*le machen: in Dortmund, in Ahlen oder an einem anderen Ort
Eurer Wahl.*

*Damit Leute kommen und Eintrittsgelder fließen, mach ein
Fass auf mit der Presse. Du hast doch Fotos gemacht, als Mandela getanzt hat. Nelson kann es fast so gut, und die anderen
auch. Dir fällt schon was ein.*

*Einen Teil der Einnahmen kriegt unsere Mannschaft, um die
anderen Kosten (Fußballschuhe, Visa etc.) zu decken.*

Wir pennen in der Jugendherberge. Oder noch einfacher.

Noch Fragen?

*Liebe Grüße
Nkwabi Nganghasamala und Hussein Sosovele«*

Wir haben wohl alle ziemlich blöd geguckt, als er mit dem Vorle-
sen fertig war. Nkwabi grinste nur. Aber mir war nicht wohl bei
der Sache. In dem Augenblick kam Pater Jonathan durch die Tür.

»Du fliegst als Übersetzer mit, Pater«, sagte Sosovele geschäftsmäßig. »Und ich als Co-Trainer. Eigentlich habe ich keine Zeit,
aber es geht um unser Ansehen.«

Da platzte ich heraus: »Fußballschuhe, ordentliche Klamotten,
Übernachtungen, Visa und so weiter. Hast du vergessen, dass
das bezahlt werden muss?« Meine Wortmeldung kam heftig,
ehrlich gesagt.

»Ich strecke das Geld vor. Aus den Einnahmen eurer Spiele
kriege ich es zurück.«

»Und wenn es nicht so viel wird?«, fragte ich und guckte wohl
ziemlich zweifelnd.

»Dann ist es eben weg! Also, ich muss an meinen Schreibtisch. Trommelt die Spieler zusammen, die sollen sich um ihre Pässe kümmern. Geld dafür kriegen sie von Nkwabi, der hat schon eine Kasse eingerichtet. Aber nur gegen Unterschrift – falls alle schreiben können!«

Dann guckte er streng.

»Und noch eins: Ab heute wird richtig trainiert! Mit Nkwabi und mir! Ich habe keine Lust, mit einer faulen, schlecht vorbereiteten Mannschaft zu fliegen. Verstanden?«

Ich war wie vor den Kopf geschlagen. Auf was ließ sich der Mann da ein!? Als wenn ganz Dortmund oder Ahlen auf den Platz kommen würde, wenn elf lausige afrikanische Jugendliche aufliefen. Egal wie gut wir waren! Ich hatte jedenfalls meine Zweifel.

Bevor Sosovele verschwand, nahm er mich beiseite und legte seinen Arm um meine Schultern. »Pass auf Mirambo auf!«

Mehr sagte er nicht und ging zu seinem Wagen. Ich war versucht, ihm nachzurufen, was er damit meinte. Aber er saß schon hinterm Steuer und gab Gas.

Was er da gesagt hatte, ging mir nicht aus dem Kopf. Ich stellte mich zu den anderen auf den Platz, die Spieler waren fast vollständig versammelt. Ich nahm Mirambo zur Seite.

»Hast du einen Ausweis, Mister Mirambo?«

»Na klar«, sagte er und guckte an mir vorbei.

»Wir brauchen alle Papiere für die Pässe in zwei, drei Wochen. Okay?«

Ich weiß nicht, ob von meinen Gedanken etwas in meinem Gesicht abzulesen war. Das war mir im Moment auch egal. Ich stand mächtig unter Druck. Mirambo sah auch bedrückt aus, aber es war nicht der Zeitpunkt, ihn auf sein Problem anzusprechen. Ich beschloss, das erst einmal Mandela zu überlassen. Wo steckte sie überhaupt?

Sie war nicht mehr da. Als habe die Erde sie verschluckt. Wir trainierten zwei Stunden lang und ich hatte den Eindruck, dass sich alle besondere Mühe gaben. Für sie war wohl die Reise nach Europa schon beschlossene Sache.

SCHWIMMEN GEHEN, WENN MAN SICH SCHLECHT FÜHLT

Ich machte mich auf den Weg nach Hause, in der Hoffnung, Mandela dort anzutreffen. Ich wollte wissen, was sie wegen Mirambo unternommen hatte. Ehrlich gesagt: Ich fühlte mich mit all den Fragen und Problemen als Spielführer überfordert. Zuerst beruhigte ich mich mit der Gewissheit, dass die drei Erwachsenen, Pater Jonathan, Nkwabi und Hussein Sosovele, Hilfe versprochen hatten. Aber ich war es gewohnt, den Überblick zu haben. So wie vor ein paar Monaten, als wir für das Spiel gegen die deutsche Mannschaft unseren Platz herrichten mussten. Mit Fischernetzen, Gießkanne und Sand vom Strand.

Inzwischen sah der Platz allerdings aus wie vorher, nur ein paar Reste der Fischernetze flatterten an den Torpfosten, wenn der Wind vom Meer wehte. Was aber jetzt anstand, war von anderem Kaliber. Ich dachte zum ersten Mal daran, als Spielführer zurückzutreten.

Ich traf meine Schwester Mandela vor ihrem Lieblingsort: vor dem Spiegel. Keine Ahnung, was Mädchen immer an sich herumzupinseln haben. Weil Mama alles mitbekommt, was im

Haus geredet wird, gab ich Mandela ein Zeichen, mit mir vor die Tür zu kommen. Sie konnte sich nur schlecht losreißen von ihrer Malerei.

Wir gingen bis an die Toreinfahrt. Hier würde niemand hören, was wir zu bereden hatten.

»Was liegt an, Nelson?«, fragte sie.

»Was wohl?!« Ich sagte das ein bisschen heftig, sie wusste genau, dass es um Mirambo und die Drogen ging.

»Lass mich mal machen, Bruder! In dem Fall ist es besser, wenn mir da niemand reinpfuscht. Und wenn du nicht alles weißt.«

»Ich verstehe gar nichts!«

»Musst du auch nicht. Vertrau einfach darauf, dass ich die Sache voll im Griff habe.«

Beruhigend war das nicht für mich. Aber ich beschloss, ihrem Rat zu folgen. Wir hatten bis zu der Reise zwar noch zwei Monate Zeit, aber es gab eine Menge anderer Dinge zu tun.

Was eigentlich? Ich stand da neben meiner Zwillingsschwester, die mich wie den letzten Trottel behandelte. Und so fühlte ich mich auch.

Ich verzog mich in unser Zimmer, öffnete das Fenster, nahm ein Blatt Papier und versuchte, einen Plan für alle meine Aufgaben zu machen. Eine Stunde lang grübelte ich, aber danach stand nicht ein einziges brauchbares Wort auf dem Papier. Ich warf meinen Bleistift in die Ecke, knallte die Tür hinter mir zu und suchte Said auf, der im hinteren Teil der Schlangenanlage Käfige säuberte.

»Keine Zeit, Mister Nelson.« Er kratzte irgendwelchen Dreck von den Scheiben und wischte mit einem feuchten Tuch nach.

Die Schlange, eine mächtige Kobra, drückte sich in einer Ecke herum, als hätte sie Angst vor Said. Ab und zu warf er ihr ein paar beruhigende Worte zu. Neben ihm stand ein Eimer mit Putzmitteln, Bürsten und Tüchern. Er war ein richtiger Profi, wie auf dem Platz, wenn wir spielten. Und er ließ sich jetzt nicht ablenken. »Muss gleich nach Hause, nach meinem Alten sehen.«

Also trollte ich mich, packte mein Badezeug ein und ging an den Strand. Wir hatten Flut. Ich warf mich in die hohen Wellen und schwamm, bis mein Inneres ein bisschen ruhiger wurde.

Mein kläglicher Versuch, zurückzutreten

Zum nächsten Training kamen Sosovele und Nkwabi und zehn unserer Spieler. Ein paar von uns hatten noch eine Menge Rennerei wegen der Papiere und der Pässe. In zwei Wochen wollte Sosovele sie einsammeln und nach Dar es Salaam fahren, um die Visa zu beantragen. Er verlor über die Kosten kein Wort mehr. Umso intensiver nahm er uns beim Training ran. Wir übten Strategien, von denen ich nicht mal gehört hatte: kurze Abgabe, Ball halten, überlaufen, Doppelpässe, Ecken optimal verwandeln, den Torwart einbeziehen, Angriffe durch die Mitte, von rechts, von links, verschieben, Elfmeter-Schießen, Freistoßvarianten, Mauern aufstellen. Es nahm kein Ende.

Mitten in einer Trainingseinheit hielt plötzlich ein Polizeiauto hinter dem Tor. Der Polizeichef von Bagamoyo und ein Polizist stiegen aus. Sie winkten Sosovele und Nkwabi, die vier redeten eine Viertelstunde lang. Wir wollten die Unterbrechung nutzen, um eine kleine Pause einzulegen, aber kaum hatte Sosovele das mitbekommen, schrie er:

»Weitermachen, ihr faulen Säcke!«

Freundlich hörte sich das nicht an.

Kaum waren die Polizisten verschwunden, wuselten die beiden Trainer schon wieder mitten unter uns und hielten uns auf Trab. Nach genau drei Stunden Quälerei saßen wir auf dem Boden und pfiffen aus dem letzten Loch.

Jetzt nur etwas trinken! Hussein hatte dafür gesorgt, dass immer Mineralwasser und Fruchtsäfte da waren. Während wir spielten, passte der kleine Sam Njuma auf die Getränke auf, aber er ließ sich trotzdem keinen Spielzug entgehen. Manchmal schrie er wütend etwas über den Platz, als wäre er der Trainer. Manchmal griff er sich, verzweifelt über unsere Blödheit, an die Stirn. Wenn ein gutes Tor fiel, ballte er die Faust, wie er es bei einem deutschen Trainer im Fernsehen gesehen hatte.

Wenn wir uns Getränke nahmen, murmelte er jedes Mal: »Ich fahr mit, soviel steht fest!«

Ich hätte zu gern gewusst, was das mit den Polizisten auf sich hatte. Als ich Nkwabi leise fragte, winkte er ab. Es war kein Wort aus ihm herauszukriegen. Ich hatte mich inzwischen entschlossen, als Spielführer zurückzutreten. Das war der richtige Moment, denn heute waren fast alle Spieler und beide Trainer anwesend.

»Hört mal, Sportsfreunde. Ich mach jetzt schon seit einem Jahr den Spielführer. Ich denke, es ist an der Zeit, dass mal ein anderer das macht. Ich ... äh ... also ich ... ich finde, wir sollten jemand anderen wählen.«

»Was soll der Blödsinn?«, fragte Nkwabi.

»Also, es wird mir ein bisschen viel, was da zu tun ist.«

»Es läuft doch alles«, sagte Sosovele, »oder bist du krank?«
»Nein. Das ist es nicht. Aber ich schlaf schlecht wegen der Reise. Und der ganzen Probleme.«

»Was denn für Probleme?« Sosovele rutschte ein Stück näher. »Jetzt bin ich mal gespannt, was unserem Nelson auf die Seele drückt.« Er sagte es freundlich, fast mitfühlend.

Ich sah mich im Kreis um, fast alle hatten Wasserflaschen in den Händen und alle sahen mich an.

Mirambo saß mir direkt gegenüber. Unmöglich, jetzt das Drogenproblem anzusprechen. In dem Moment wusste ich aber, dass diese Geschichte ein entscheidender Grund für meinen Rücktritt war: Ich fühlte mich der Sache einfach nicht gewachsen. Da ich nicht wusste, was ich sagen sollte, blieb ich stumm und starrte vor mich hin. Dann fiel mir doch noch etwas ein.

»Für so eine Reise brauchen wir an der Spitze jemanden, der sicherer auftritt, vielleicht eine große Klappe hat und sich nichts bieten lässt.«

Mit dem Gelächter, das darauf folgte, hatte ich nicht gerechnet. Was hatte das zu bedeuten?

»Du hast doch Mandela an deiner Seite«, knurrte Nkwabi. »Was willst du mehr? Sie war schon immer deine Geheimwaffe!«

Jetzt grölten sie noch mehr und einige klopften mir auf die Schulter. Ich kam mir vor wie ein dummer Junge. Dann schwiegen alle fast fünf Minuten lang, aber einige kicherten immer noch herum.

»Es bleibt dabei«, sagte ich trotzig.

Da erhob sich Nkwabi. »Also, dann wählen wir. Ich hole aus meinem Büro Zettel und Bleistifte. Dauert nicht lang.«

Während Nkwabi fort war, wurde kaum gesprochen. Aber alle beäugten mich wie nebenbei. Mandela sagte kein Wort. In meinem Innern rumorte es so heftig wie auf unserer Karre, wenn wir eine Menge Frösche und Mungos gefangen hatten. Nkwabi verteilte die Zettel.

»Jeder schreibt auf, wen er zum Spielführer haben will. Nur einen Namen!«

Dann sammelte der Trainer die Zettel ein und sah sie durch.

»Was soll das?«, fuhr er die Runde an. »Hier steht sechs Mal ›Nelson‹, drei Mal ›Mister Nelson‹ und ein Mal ›Mandela‹.«

Meine Schwester sah mich an. Sie ahnte, wer sie vorgeschlagen hatte.

»Nimmst du die Wahl an, Mister Nelson?«, fragte Nkwabi.

Ich wollte den Kopf schütteln, wollte sagen: »Ihr habt einen Vogel!« Aber ich starrte nur vor mich hin.

»Nelson nimmt die Wahl an«, hörte ich da plötzlich Mandelas Stimme. Sie erhob sich, tänzelte auf mich zu und gab mir einen Kuss.

Damit war mein Versuch gescheitert, mich den vielen Verpflichtungen zu entziehen. Welchen Verpflichtungen? Mir war ja selbst nichts eingefallen, als ich versuchte, mir alles in Ruhe aufzuschreiben. Außer der Sache mit Mirambo. Ein bisschen doof kam ich mir vor, aber mein Herz klopfte trotzdem vor Stolz, weil sie mich alle als Spielführer wollten – und mal nicht an mir herummeckerten. Wann ist dazu schon mal Gelegenheit?

Alle standen auf und drückten mir die Hand. Hanan, Hanifa und Mandela umarmten mich und gaben mir einen Kuss. Auch die beiden Trainer gratulierten. Obwohl ich gerade eine Niederlage erlitten hatte. Aber das sahen sie wohl anders.

Eine Woche später fuhr während des Trainings ein Lieferwagen auf den Platz. »Sportbekleidung aller Art« stand auf der weißen Seitenfläche, daneben das gemalte Bild eines Fußballers im Nationaltrikot des Landes, der gerade einen Ball tritt. Der Spieler hatte allerdings eine Körperhaltung, als wären ihm ein Bein und der Kopf falsch eingesetzt worden. Er grinste mit seinen großen Zähnen wie auf einer Reklame für Zahnpasta.

Jeder bekam ein paar nagelneue Fußballschuhe in seiner Größe.

Wie die Irren liefen wir damit über den Platz und lachten uns schief.

Als wir uns wieder versammelten, stand der Lieferwagen immer noch da. Wir kriegten jeder ein paar einfache Leinenschuhe mit Gummisohlen.

»Damit könnt ihr in der Stadt herumflanieren«, sagte Sosovele. Als ich ihn fragte, ob der Fahrer das Geld für die Schuhe kassieren würde, sagte er nur so nebenbei: »Der Laden gehört mir!«

Anschließend putzten wir den Staub von dem schwarzen Leder, als würden wir Schmuckstücke säubern. Könnte ja sein, dass wir sie eines Tages wieder abliefern mussten.

Was ich damals noch nicht wusste: Nkwabi, Sosovele und Pater Jonathan hatten in den letzten Tagen alle Familien der Spielerinnen und Spieler besucht, um mit den Eltern und Arbeitgebern über die Reise zu sprechen. Und um zu helfen, die vielen Probleme wegen der Pässe und der Krankenversicherung zu lösen. Tutupa zum Beispiel bekam zwei Wochen Urlaub von seinem Supermarkt, nachdem der berühmte Sosovele sich dafür eingesetzt hatte. Hanifa musste ihre Frisör-Ausbildung nicht abbrechen. Sie würde sie nach der Reise weitermachen können. Nur meine Eltern besuchten sie nicht. Sie gingen davon aus, dass ein Spielführer seine Alten im Griff hatte.

Der Polizeichef will mich sprechen

Ich hatte es abgelehnt, mit den anderen die Rap-Programme zu üben; mir reichten die übrigen Aufgaben. In jeder freien Minute auf dem Schulhof oder nach dem anstrengenden Training, das jetzt alle drei Tage angesetzt wurde, zogen sich Mandela, Hanan, Hanifa, Guido, Kassim und Tutupa zurück. Kassim war zwar so groß wie breit, aber es machte sich gut, einen solchen Klotz in der Mitte zu haben. Er hatte außerdem eine tolle raue Stimme, wie ein kaputtes Motorrad.

Guido hatte ein Kofferradio aufgetrieben, mit dem man auch CDs abspielen konnte. Sie hatten sich Rap-Musik ohne Texte besorgt, keine Ahnung, woher. Manchmal sah ich sie am Strand und hörte schon von Weitem die Musik, oder an irgendeiner Straßenecke, neben der Moschee oder unter dem großen Baum bei der Mission.

Ich wusste nicht, was die Priester und Nonnen von solcher Musik hielten. Die Texte waren ja alles andere als heilig, und die Musik hörte sich nicht nach Kirchenliedern an. Aber ich kümmerte mich nicht darum. Vielleicht waren die frommen

Leute ganz froh, dass mal ein bisschen Leben in die Bude kam.

Wenn es regnete und keine Besucher kamen, durften sie sogar die große Vorhalle des Missionsmuseums für ihre Proben benutzen. Das hatte sicher Pater Jonathan eingefädelt. Er war begeistert von dem Plan, in seinem Land auf diese Weise Geld zu verdienen.

Als er allerdings mal mitkriegte, dass unter den Spielern erzählt wurde, wir würden alle als reiche Leute nach Hause kommen, sagte er ganz ernst: »Das könnt ihr vergessen! Wenn Sosovele Glück hat, kriegt er einen Teil von seinem Geld zurück. Aber auch das ist durchaus nicht sicher!«

Wo immer unsere Rapper-Abteilung auftrat und übte, bildeten sich sofort Menschenknäuel um sie herum. Am Rande kriegte ich mit, dass sie inzwischen sogar eigene alberne Texte für ihre Deutschlandreise gedichtet hatten. Na ja, die Deutschen würden sowieso nichts verstehen. War auch besser so.

Ich musste zugeben: Es sah toll aus und hörte sich gut an. Ich bedauerte schon, dass ich keine Zeit hatte, bei dem Programm mitzumachen. Ich sei als Tänzer nicht schlecht, sagt man. Als Spielführer muss man aber leider Opfer bringen. Dafür lief meine Schwester zur Höchstform auf.

Zwei Wochen vor der Abreise saßen wir – Papa, Mama, Mandela und ich – beim Abendessen. Da fuhr ein Auto auf den Hof. Papa ging zur Tür. Er kam mit zwei Männern in Zivil herein. Ich erkannte sofort den Polizeichef. Er stellte sich in die Tür und zeigte auf mich.

»Bist du Nelson Kitumbo? Der Spielführer der Jugendmann-schaft?«

Ich nickte.

»Komm mal einen Moment vor die Tür«, sagte er. Ich erhob mich. Mama guckte ziemlich beunruhigt, und ich fühlte mich auch nicht wohl dabei. Was bedeutete das?

Die beiden Männer gingen mit mir ein paar Schritte auf die Toreinfahrt zu, bis wir außer Hörweite waren. Der Chef hatte eine Hand auf meine Schulter gelegt, ich fühlte mich, als würde ich abgeführt.

»Ist dieser Mirambo Tirumanywa bei dir in der Klasse?«, fragte er.

»Richtig, in meiner Klasse«, sagte ich stotternd vor Aufregung. »Was ist mit ihm?«

»Das ist jetzt nicht das Thema. Hör mir gut zu. Er kommt mor-gen nicht in den Unterricht und in den nächsten Tagen auch nicht. Mach dir deswegen keine Sorgen. Du sagst dem Klassen-lehrer einfach, Mirambo sei krank, ein paar Tage krankgeschrie-ben vom Arzt. Hier hast du eine Bescheinigung, die gibst du dem Lehrer. – Alles verstanden?«

Er drückte mir einen kleinen gelben Zettel in die Hand, lesen konnte ich nichts in der Dunkelheit.

»Was ist mit ihm? Kann er mitfahren?«, fragte ich noch einmal.

»Das kann ich dir jetzt nicht sagen, junger Freund. Es ist bes-ser, du tust, was ich dir sage. Sonst muss ich dich verhaften!« Er grinste. »Und kein Wort über meinen Besuch hier! Verstanden?«

»Natürlich«, sagte ich, »ich sage dem Lehrer, Mirambo sei für ein paar Tage krank.«

Der Polizeichef klopfte mir auf die Schulter und gab seinem Polizistenkollegen ein Zeichen. Der setzte sich sofort hinters Steuer und startete. Langsam fuhr der Wagen an und verschwand in der Dunkelheit.

Ich ging in die Küche zurück.

»Was wollte denn die Polizei von dir?«, fragte Papa beunruhigt.

»Ich soll Mirambo in der Schule krankmelden.«

»Dafür kommt der Polizeichef persönlich?«

Mandela grinste mich über den Tisch hinweg an und feixte: »Ja, ja, als Spielführer hat man so seine Aufgaben.« Dann stand sie auf und verschwand im Schlafzimmer. Ich hatte den Eindruck, dass sie über den Besuch der Polizisten am wenigsten erstaunt war.

Was das Theater mit den Polizisten zu bedeuten hatte, erfuhr ich erst nach unserer Abreise.

Wir trafen uns mit den beiden Trainern und Pater Jonathan im Kulturzentrum TASUBA, wo Nkwabi Pantomime und Trommel unterrichtete. Sosovele wollte kontrollieren, ob wir genug Klamotten für die Reise hatten oder ob jemand noch etwas brauchte. Bis zur Abreise waren es nur noch wenige Tage.

Hätte mich nicht gewundert, wenn Sosovele auch Besitzer eines Secondhand-Shops für Klamotten wäre. Er war sichtlich erstaunt, dass er nicht noch einmal in die Tasche greifen musste. Man sah auf den ersten Blick, dass die Familien für alles gesorgt hatten. In solcher Garderobe hatte ich meine Freunde noch nie gesehen! Nicht mal beim Kirchgang mit Papa oder vor der Moschee. Tipptop, kann ich nur sagen. Sogar Mirambo trug eine ordentliche Hose und ein Jackett. Vermutlich vom Drogengeld gekauft, ging mir durch den Kopf.

Wieso war er überhaupt hier?

Die drei Mädchen unserer Mannschaft, die immer aufgedonnert herumliefen, hatten noch einmal zugelegt. Sie stolzierten durch unsere Reihen wie Naomi Campbell persönlich.

Sogar die kleine Rotznase Sam Njuma war da, er trug als Einziger eine Krawatte, ganz fachmännisch gebunden. Ich hatte ihn wegen der ganzen Aufregungen aus den Augen verloren.

Wollte Sosovele ihn tatsächlich mitnehmen? Bei diesem Mann muss man mit allem rechnen. Aber das war mir im Moment egal, denn Nkwabi wollte mit uns sprechen.

»Hört mal zu!« Er griff in seine Aktentasche. »Morgen holt Hussein die Pässe. Dann wird es ernst. Hier ist noch eine Mail von Willi gekommen:

Liebe Sportsfreunde aus Bagamoyo!

Ich hörte von Nkwabi am Telefon, dass bei Euch alles paletti ist. Unsere Spieler haben es abgelehnt, Euch in die Jugendherberge zu schicken. Ihr schlaft in zwei Wohnungen am Borsigplatz, bei den Familien von Soner und Wölfchen. Das fanden sie besser. Da könnt Ihr jederzeit Kontakt halten.

Das mit der Bezahlung der Reise hat geklappt, wie von Euch gewünscht: Der Deutsche Fußballbund und die Landesregierung haben die Kohle geschickt.

Zwei Spiele sind vorgesehen: eins gegen die Turniermannschaft, die Ihr kennt. Das ist die Revanche. Im ›Wersestadion‹

in Ahlen. Da, wo ich zu Hause bin. Ein zweites Spiel geht gegen die Jugendmannschaft von Borussia Dortmund. Das kleinere Stadion kriegen wir zwar nicht voll, es packt 15.000 Leute, aber egal. Der Trainer Klopp zeigte sich ganz begeistert von unserem Plan. Er will das Spiel auch angucken.«

»Kloppo kenn ich!«, schrie Sam Njuma dazwischen.
»Halt die Klappe, Kleiner! Also weiter:

Die Dortmunder sind gut. Da müsst Ihr Euch warm anziehen! Für beide Spiele haben wir kräftig Rummel gemacht. Das Fernsehen hier hat die zwei Minuten, als Yakobo barfuß das Siegtor schoss, fünf Mal gezeigt – mit Hinweis, dass Ihr bald kommt. Von dem Tor ist das ganze Ruhrgebiet begeistert. Auch wenn ich damals falsch gepfiffen habe. Der Blamierte bin ich und muss mir jetzt die dummen Sprüche anhören!
Nach dem zweiten Spiel erwarten wir ein Rap-Konzert für die Fanclubs. Die sind ganz heiß darauf, denn den Tansania-Rap kennt hier noch keiner. Wo das stattfinden wird, weiß ich noch nicht.
Also: Guten Flug! Ich hole Euch mit dem Chef vom Fanclub BVB International, Levent Aktoprak, vom Flughafen in Düsseldorf ab. Auch Rudolf Blauth, der Geschäftsführer vom Bagamoyo-Freundeskreis, ist mit von der Partie. Wir kommen mit dem Mannschaftsbus.

Euer Willi«

Vielleicht versteht das jemand: Erst in diesem Augenblick wurde mir klar, dass wir bald reisen würden. Wenn sich Aufregung, Freude, Sorge und alles, was dazugehört, mischen, fühlt man sich, als hätte jemand einen in eine laufende Beton-Misch-maschine gesteckt. So jedenfalls ging es mir. Und den anderen nicht viel anders, das sah ich an ihren Gesichtern.

Trotzdem krochen wieder Fragen wie kleine Krebse an die Oberfläche: Können dreizehn Spieler in zwei Wohnungen untergebracht werden? Und wo schlafen Sosovele, Nkwabi und Pater Jonathan?

Dennoch hatte ich eines gelernt in den letzten Wochen: ich war nicht für alles verantwortlich. Daran musste ich mich erst gewöhnen.

Jetzt wird es ernst

Das Kulturzentrum TASUBA hatte den Kleinbus mit Fahrer für die Fahrt zum Flughafen zur Verfügung gestellt. Sosovele fuhr mit seinem Range Rover und nahm fünf Personen mit. Die Motoren tuckerten schon vor sich hin. Die Eltern standen herum und umarmten zum Abschied ihre Kinder. Einige hatten Tränen in den Augen. Keine Ahnung, ob wegen der Rührung oder aus Angst um ihren Nachwuchs. Auch Mama war mit dem Fahrrad gekommen und versorgte uns mit guten Ratschlägen. Wenn Kinder zum ersten Mal verreisen, sind Eltern wahrscheinlich überall gleich!

Als ich mich suchend umsah, um Mandela zu fragen, ob sie etwas von Mirambo gehört hätte, wurde ich abgelenkt. Sosovele tauchte mit der Rotznase Sam Njuma auf. Der hatte nagelneue Fußballschuhe an. Die beiden wurden von der Mutter des Kleinen begleitet. Unwillig ließ sich Sam von ihr umarmen und war der Erste, der sich einen Fensterplatz im Bus sicherte. Den Sitz daneben reservierte er für Pater Jonathan. Der hatte sich für die Reise von seinem Priestergewand verabschiedet und kam in einem verknitterten braunen Anzug. Sosovele winkte mit einem Stapel Pässen, setzte sich hinters Steuer und dann ging es ab.

Mirambo war nicht da.

Am Flugplatz Dar es Salaam erlebten wir die Überraschung: Ein Polizeiwagen fuhr nahe an unseren Bus. Unser Polizeichef stieg aus und direkt hinter ihm Mirambo, eine Tasche in der Hand. Die beiden gingen eilig an uns vorbei; ich wollte hinterher, aber Mandela hielt mich am Ärmel fest.

»Bleib hier. Es ist alles in Ordnung!«, sagte sie leise. Mirambo saß schon in der Maschine, als wir einstiegen.

Zum Flug über Dubai nach Düsseldorf will ich etwas anmerken: Unter uns haben wir einige mit ziemlich großer Klappe. Und die Mädchen plapperten sowieso von morgens bis abends. Als wir aber in der riesigen Maschine saßen, war plötzlich Schweigen angesagt. Ob aus Angst oder Aufregung, weiß ich nicht.

Ich bin sicherheitshalber noch einmal durch die Reihen gegangen und habe die Nummern der Plätze mit den Bordkarten verglichen.

»Anschnallen, Sam!«

Ich half dem Kleinen, den Gurt anzulegen. Fast hätte ich ihn dabei erdrosselt, weil die Sitze für größere Personen gedacht waren. Außerdem war ich kein erfahrener Gurteanleger. Er nahm mein Gezerre in Kauf, ohne zu maulen. Keine Ahnung, wie er es geschafft hatte, seine Eltern und Hussein Sosovele zu überzeugen, ihn mit auf diese Reise zu nehmen.

Mirambo saß schweigend auf einem Fensterplatz. Als ich mich zu ihm hinunterbeugte, sah er auf und grinste mich an.

»Alles klar, Mister Nelson!«, sagte er. »Ich erklär dir alles später. Lass uns erst mal unterwegs sein!«

Fasten your seatbelt!, leuchtete es über uns auf und schallte aus den Lautsprechern. Eine hübsche Stewardess kontrollierte jeden Sitz. Die Maschine rollte auf die Startbahn. Dann machte sie Tempo! Als sie abhob und ich in den Sitz gepresst wurde, krallte ich mich an beiden Armlehnen fest. Das fliegende Monster schraubte sich in den Himmel. Heimlich sah ich rechts und links zu meinen Freunden. Schweigen. In allen Gesichtern eine Mischung aus freudiger Erwartung, Angst und Bangen. Auch sie klammerten sich fest, als sollten sie gewaltsam entführt werden. Aus dem Fenster sah ich das Meer, dann wieder Land. Schließlich wurden die Motoren leiser, wir brummten ruhig durch den Himmel. Richtige Entspannung trat erst ein, als eine Lautsprecherstimme auf Englisch und Kisuahili die Passagiere begrüßte und uns sagte, wir dürften die Gurte losmachen, wenn wir wollten.

Was für eine Erlösung! Wir unterbrachen unsere Unterhaltungen, als der Lautsprecher uns empfahl, links aus den Fenstern zu gucken. Man könne jetzt den Kilimandjaro sehen, unseren höchsten Berg. Es war eine unglaubliche Sicht auf seine schneebedeckten Spitzen. Dann stiegen wir über die Wolken und von der Erde war nichts mehr sehen. Zu meiner Überraschung stellte ich fest, dass einige meiner Freunde eingeschlafen waren. Auch mich überfiel eine mir unbekannte Müdigkeit. Aber es war eigentlich zu schade, jetzt zu schlafen.

Ich hatte mitbekommen, dass einige der weiter hinten sitzenden Passagiere, Weiße, Inder und Afrikaner, aufstanden und ganz nach hinten verschwanden. Vermutlich waren da die Toiletten. Also stand ich auch auf, obwohl ich nicht musste. Als eine Kabine frei wurde, schloss ich mich ein und untersuchte jede Kleinigkeit. Jetzt könnte ich meinen Freunden gegenüber als Fachmann auftreten, wenn einer von ihnen Bedürfnisse hatte. Aber zu meiner Enttäuschung fragte mich niemand um meinen Rat.

Die Landung in Dubai war fast noch aufregender als der Start. Wir Anfänger hatten den Eindruck, die Maschine würde sich mit der Nase ins Meer oder in die Wüste bohren. Sie setzte aber ganz sanft auf, wir grinsten uns erleichtert an.

Der Flughafen, wo wir ein paar Stunden Aufenthalt hatten, kam mir vor wie eine märchenhafte, geheimnisvolle Stadt, aber eine ohne Himmel und Sterne. Straßen voller prächtiger Geschäfte, Restaurants und Rolltreppen. Vom Auto bis zum Mars-Riegel, vom Diamanten bis zum feinen Anzug, alles konnte man hier kaufen. Menschen aus allen möglichen Nationen flanierten herum, als wohnten sie hier – und nur wir wären die Fremdlinge und Anfänger. Nach einer schüchternen Erkundungstour suchten wir uns eine Ecke, wo wir uns auf den Teppichboden setzen konnten. Eng beieinander. Ein bisschen wirkten wir wie ein Schar erschreckter Hühner.

Was war das für eine Welt? Konnte man hier leben? Hussein setzte sich zu uns. »Wir sind ganz in der Nähe des Meeres und der Stadt Dubai. Das hier ist nur der Flughafen. Dahinter beginnt die Wüste. Aber wir dürfen hier nicht raus ohne Visum!«

Ich war froh, dass wir Erwachsene als Begleiter hatten; manchmal sind sie ja doch ganz brauchbar. Dass unser Flug nach Düsseldorf aufgerufen wurde, hätte ich in diesem Durcheinander von Licht, Lärm und Gedränge sicher nicht mitgekriegt.

Im Flugzeug schlief ich ein. Zwischendurch gab es etwas zu essen. Ich fand es ungenießbar. Ich schob Said mein Schälchen rüber, er leerte es bis zum letzten Reiskorn. Ich schlief weiter, bis der Lautsprecher darauf hinwies, wir würden jetzt über die Alpen fliegen und die große Stadt da unten sei Wien. Und in zwei Stunden würden wir in Düsseldorf landen. Da der Himmel wolkenlos war, konnten wir die Erde unter uns wie eine Spielzeugwelt betrachten. Wir taumelten von einem Wunder in das nächste. Bis es wieder hieß: »Fasten your seatbelt«.

Kloppo not coming?

Gerädert und aufgekratzt, die Pässe in der Hand, drängten wir uns durch die Kontrollen, holten unsere Taschen und Koffer vom Band, und dann ging es durch den letzten Ausgang.

Der Rote Willi hatte Levent vom Fanclub mitgebracht. Er sei *eigentlich* Türke, sagte dieser Levent. Was heißt: *eigentlich*? Ich wollte nicht sofort mit der Fragerei loslegen, dafür war später Zeit. Dann stellte uns Willi Rudolf vom Bagamoyo-Freundeskreis vor. Wir sollten noch staunen, was er alles über unsere Heimatstadt wusste. Ein großer Kerl mit freundlichem Gesicht und einem verlegenen Lachen. Ich würde mit ihm noch einmal über unser Clubheim sprechen müssen; bisher hatte er unseren Antrag, die Baukosten zu übernehmen, abgelehnt – und die Krankenhausrenovierung vorgeschoben.

So ließ ich mich nicht abspeisen!

Zu unserer Überraschung waren drei der Spieler aus der deutschen Mannschaft mitgekommen, die wir schon vom Hinspiel kannten. Als wir mit unseren Bündeln und Koffern durch die Sperre gingen, standen sie ganz vorn in der Menschenmenge:

Boris, Wölfchen und Soner. Hanan war ganz aus dem Häuschen und hätte den türkisch-deutschen Torwart Soner fast umgeworfen vor Begeisterung. Endlich konnten die beiden ihren Sprachunterricht fortsetzen. – War Soner nun *eigentlich* Türke oder *eigentlich* Deutscher?

Ich vermutete, dass Mandela sich Hoffnung gemacht hatte, auch Nicki könnte gekommen sein. Aber der reiste, wie Willi ihr erklärte, erst am nächsten Tag aus Hessen an, wenn dort die Sommerferien beginnen würden.

Ehrlich gesagt: Wir waren heilfroh, dass wir abgeholt wurden! Gegen diesen Flughafen war der von Dar es Salaam eine Trinkhalle! Wie hätten wir uns hier zurechtfinden sollen? Sosovele schien sich auszukennen. Wie ein Hündchen trippelte Sam hinter ihm her, um ja nichts zu verpassen. Die Stollen seiner Fußballschuhe knallten durch die Halle. Alle zehn Minuten reichte ihm Hussein ein Papiertaschentuch, manchmal half er ihm, den Rotz abzuwischen. Sam gab sich trotzdem alle Mühe, weltmännisch aufzutreten. Er hatte es abgelehnt, Turnschuhe zu tragen. Er wollte sich von den Fußballschuhen unter keinen Umständen trennen.

Dann standen wir vor dem gelb-schwarzen Vereinsbus.

»Kloppo not coming?«, hörte ich Sam fragen. Ich war sicher, er würde sich das Englische im Interesse seiner internationalen Karriere perfekt aneignen.

Als Willi Yakobo, unseren Torwart, umarmte, mahnte er ihn: »Hör mal zu, Sportsfreund. Dieses Mal behältst du deine Schuhe an beim Toreschießen. Sonst gibt es 'ne gelbe Karte!«

Als Willi mit Yakobo sprach, knipsten die angereisten Presseleute wie verrückt. Immer wieder zogen sie Mandela, Yakobo und Sosovele ins Bild. Sie hätten eigentlich auch mal nach dem Spielführer fragen können; aber ich drängele mich selten in den Vordergrund.

Als die Knipserei erledigt war, sagte Willi: »Den Yakobo kennt man hier jetzt überall. Seit er im Fernsehen war mit seinem Tor, ist er ein Superstar. Und Mandela sowieso!«

»Wirst du wieder den Schiedsrichter machen?«, fragte ich Willi.

»Nur beim Spiel gegen die Turniermannschaft. Ist doch Ehrensache!«

Dann stiegen wir in den Bus. Ich war ganz erstaunt, dass wir unterwegs nach Dortmund Bauern mit Traktoren und Erntewagen auf den Feldern sahen. Und keine einzige Autofabrik! Ich behielt meine Fragen erst einmal für mich. Macht keinen guten Eindruck, wenn man im Ausland ist und ungeduldig wird, hatte Mama mir gesagt. Dabei war sie noch nie aus Bagamoyo rausgekommen. Aber sie wusste, was so in der Welt passierte, weil sie Bücher las und Radio hörte. Mama konnte man nichts vormachen!

Was mir auffiel: Das mit den Feldern war schnell zu Ende, und wir fuhren durch Städte, die nicht enden wollten, ein Hochhaus nach dem anderen, eine Menge Eisentürme. Keine Ahnung, was das war! Dann die Autobahn mit vier oder sechs Spuren, mit einem Affentempo. Kein Schlagloch, kein Gegenverkehr, keine Ampel wie in Dar es Salaam, keine Kontrollen, keine Verkaufsbuden am Straßenrand.

Wo kauften die Leute denn ihre Sachen; Obst und Gemüse zum Beispiel?

Unsere Trainer Nkwabi und Sosovele schliefen in einem kleinen Hotel am Borsigplatz, unseren Wohnungen gleich gegenüber.

»Zum Trainieren nehmt ihr die Straßenbahn, ist nicht weit«, informierte uns Willi.

Pater Jonathan wurde in einem evangelischen Pfarrhaus an der Ecke einquartiert; er fand nichts dabei, bei der Konkurrenz zu übernachten.

Willi hatte, wie er uns erklärte, die Muslime in einer türkischen Familie untergebracht, Katholiken und Protestanten im Nachbarhaus. Die Mühe hätte er sich sparen können, die Religion spielte keine Rolle in der Mannschaft. Und die Essensverbote nahmen unsere Muslime sowieso ziemlich locker.

Sam zog mit Hussein ins Hotel, er hatte versprechen müssen, sich um den Kleinen zu kümmern. Außerdem hatte das Hotel auch eine Rolltreppe, davon war Sam seit dem Flughafen in Dubai begeistert. Er konnte nicht genug davon kriegen. Es gab zwar am Flughafen in Dar es Salaam auch eine, aber die war kaputt, als wir sie benutzen wollten.

Bei Mama Lisa

Unsere Wohnung lag in einer Seitenstraße am Borsigplatz im fünften Stockwerk. So viele Treppen liefen wir zum ersten Mal; achtundachtzig Stufen.

»Gutes Training, wenn wir das zehn Mal am Tag machen«, sagte Mandela.

»Und wenn die ganze Bude zusammenbricht?« Said hatte tatsächlich Angst. »Verdammt hoch. Ich trau mich nicht, aus dem Fenster zu gucken.«

»Du gewöhnst dich dran. Die Leute wohnen hier doch immer. Wieso soll der Kasten zusammenbrechen, wenn afrikanische Hungerleider kommen?«, versuchte ich ihn zu beruhigen.

Mirambo stapfte schweigend wie immer hinter uns her. Wölfchen ging vorneweg. Gut, dass wir Englisch mit ihm reden konnten. Sonst wären wir aufgeschmissen.

»Meine Mama kann auch Englisch«, sagte er uns. »Solange ihr hier seid, wohnen meine Geschwister und ich bei einer Tante gegenüber. In der Wohnung bleibt nur meine Mutter, die kocht für euch. Ihr habt drei Zimmer zum Pennen.«

Der Treppenaufgang war eng, die Wände mit blumigen Tapeten beklebt. Das kannte ich nur aus Filmen. Als ich aus einem der Fenster guckte, wurde auch mir wegen der Höhe ein bisschen schwindelig.

Wölfchens Mutter stand in der Tür. Ich hatte eine dicke ältere Frau erwartet, aber sie war höchstens dreißig und sah verdammt gut aus. Sie lachte uns entgegen.

»Ich bin die Lisa«, sagte sie, führte uns hinein und umarmte zur Begrüßung jeden Einzelnen. »In diesem Zimmer können drei schlafen, am besten die Mädchen. Nebenan stehen zwei Betten, und hier noch einmal zwei Betten. Alles frisch bezogen! Fühlt euch hier wie zu Hause.«

Ehrlich gesagt: Ich übernachtete zum ersten Mal außerhalb von Bagamoyo. Wenn man das Schlafen im Flugzeug von Dubai nach Düsseldorf nicht mitrechnete. Wir fühlten uns beklommen und eingeschüchtert.

»Im Flur auf dem Kühlschrank steht ein Telefon«, sagte Lisa. »Wenn ihr eure Kumpels im Nachbarhaus sprechen wollt, dann wählt 55567. Ganz einfach. Dann sind die sofort dran. Haben wir so verabredet. Und eure Chefs im Hotel – mal sehen, hier habe ich euch die Nummern von Nkwabi und Hussein aufgeschrieben. Und einen Priester habt ihr sogar dabei! Hier ist seine Nummer, falls ihr seinen Segen braucht oder beichten wollt. – So, in einer Stunde können wir essen, ich geh jetzt mal in die Küche, ihr könnt eure Sachen in die Schränke räumen. Und zu trinken ist im Kühlschrank.«

Sie öffnete einen großen Kleiderschrank im Zimmer von Mandela & Co. Da hingen mindestens zwanzig Kleiderhaken.

»Ihr habt drüben eine Kommode und einen kleineren Kleiderschrank, damit müsst ihr euch behelfen. Ist ja nicht für ewig. Ihr seid sicher todmüde, oder?«

Meine Freunde standen ganz brav und schweigend da, wie ich sie gar nicht kannte. Wir versuchten, uns alles zu merken, was Mama Lisa sagte.

Ich stotterte herum, dass wir keine Umstände machen wollten und dass es sicher eine große Belastung für sie wäre – und wo denn ihre anderen Kinder wohnten und ihr Mann, und solches Zeugs, was man so sagt, wenn man höflich sein will. Sie wischte alles mit einer Handbewegung weg.

»Keine Sorge. Man ist das hier gewöhnt, sich mal einzuschränken. In einer Stunde kriegt ihr was Feines zum Essen. Hoffentlich schmeckt es euch auch. Afrikanisch kann ich nämlich nicht kochen!«

Damit verschwand sie in der Küche. Ich hörte sie singen, dann machte sie das Radio an.

Mirambo warf sich auf sein Bett.

»Mann, eh! Totaler Luxus ist angesagt!« Die Betten waren wirklich super.

»Hier ist aber kein Laken!« Mirambo sah mich fragend an.

»Mann, hast du nicht zugehört, was Hussein gesagt hat? Hier wird es nachts kalt. Wo du drauf liegst, da kriechst du drunter. Sonst erfrierst du garantiert.«

Sosovele hatte uns gesagt, hier sei jetzt Sommer und wir könnten von Glück sagen, dass wir nicht im Winter spielen müssten, auf gefrorenem Boden. Ich hielt das für Aufschneiderei.

Unsere Klamotten hatten wir schon in Schrank und Kommode gestopft. Jeder saß auf seinem Bett, wir wussten nicht weiter.

Im Flur klingelte das Telefon. Wir starrten durch die offene Tür auf das schwarze Ding, keiner hatte den Mut, ranzugehen. Was blieb mir da anderes übrig.

»Hallo?«

Da plapperte Guido schon los.

»Mann, eh! Wir sind hier super untergebracht. Jeder ein Bett! Und dicke Jacken hängen hier rum, falls es mal kalt wird. Und bei euch?«

»Alles klar. Wir kriegen in einer Stunde Essen, also um zwölf. Hast du deine Uhr umgestellt?«

»Klar doch! Swimmingpool ist hier nicht. Aber 'ne Dusche mit immer heißem Wasser. Wann sehen wir uns?«

»So um drei. An der Ecke zum Platz. Dann zeigst du mir euren Hauseingang.«

Mama Lisa kam noch einmal aus der Küche.

»Hier gegenüber, guckt mal, da ist das Wohnzimmer. Da könnt ihr fernsehen, es euch gemütlich machen. Ich habe hier zwei Haustürschlüssel und zwei für die Wohnung. Wenn einer alleine nachts raus will, muss er das organisieren.«

Das war meine geringste Sorge. Im Augenblick war ich froh, dass ich nicht allein mit fremden Leuten in irgendeiner Wohnung saß.

Als wir zu siebt am Tisch in der Küche saßen, war der Raum rappelvoll. Lisa brachte eine Schüssel mit Reis, eine Platte mit Fisch, gekochten Kohl und Salat. Ich sah, dass sich Mandelas

Gesicht entspannte. Sie hatte einen Horror vor Kartoffeln. Außer Pommes frites. Aber die würde man ja hier irgendwo auftreiben können.

Da wusste ich noch nicht, dass man sie hier einfach Pommes oder Fritten nannte und an jeder Ecke bei einem Türken oder Griechen kriegen konnte.

»Das ist hier 'ne Arbeitergegend«, sagte Lisa und schob uns Schälchen für den Nachtisch zu. »Hier ist es nicht so vornehm wie woanders. Nix mit Swimmingpool oder so wie bei den Reichen. Aber dahinten ist gleich 'ne Badeanstalt. Kennt hier jeder. Unser Klo und Badezimmer zeig ich euch gleich. Morgens müsst ihr euch ein bisschen der Reihe nach behelfen. – Und im Flur hängen Jacken, falls es kalt wird. Einfach anziehen, was passt.«

Said, Mandela und ich kannten Klos mit Wasserspülung von zu Hause. Aber für Mirambo und einige andere war das neu. In unserer Sprache erklärte ich ihnen, wie man das mit dem Klopapier machte und dass es keinen Wasserhahn gab, um sich den Hintern abzuputzen.

»Das lernt ihr schnell«, sagte ich zur Beruhigung. »Zieht eure Mützen auf. Vielleicht wird es kalt!« Meine Freunde brachten wahre Prachtstücke in allen leuchtenden Farben zum Vorschein, die ihre Eltern oder Tanten ihnen für die Reise gestrickt hatten. Passte großartig zu unserer Hautfarbe.

Dann trampelten wir die Treppe hinunter.

Die Mädchen hatten eine halbe Stunde im Bad verbracht, um sich aufzudonnern. Aber das kannte ich ja schon, und die anderen würden sich dran gewöhnen müssen. Da tauchte oben in der Wohnungstür noch einmal Mama Lisa auf.

»Wenn ihr spielt, komm ich natürlich mit! Ich hab von euch ja schon Wunderdinge gehört! Sonst geh ich ja nur, wenn unsere Jungs spielen.«

Wir grinsten zurück, unsere Verlegenheit verschwand nur ganz langsam. Aber Lisa war in Ordnung, das stand schon fest.

MAN WIRD JA WOHL NOCH TANZEN DÜRFEN

An der Ecke zum Platz drängten wir uns zusammen wie eine verstörte Schafherde. Wir fühlten uns unsicher bei unseren ersten Schritten ohne Begleitung. Wenn ich doch ein paar Brocken der Sprache beherrschen würde! Nur Mandela schien keine Unsicherheit zu kennen. In jeden Laden, in jedes Restaurant ging sie rein, nur um sich umzusehen. Ganz unbefangen redete sie in Kisuahili oder Englisch. Ihr war es ziemlich egal, ob man sie verstand. Jedenfalls wurde sie nirgendwo rausgeschmissen. Im Gegenteil: meistens begleiteten sie die Angestellten bis auf die Straße.

Die Sonne schien, aber es musste eben noch geregnet haben. Im Rinnstein flossen ziemliche Wassermassen vorbei. Auf der Straße fuhren eine Menge Autos, alle sauber und ohne Beulen oder Rost, wie in manchen Fernsehfilmen. Straßen und Bürgersteige waren so sauber, wie wir uns Deutschland vorgestellt hatten. Es war viel los hier; vor den Restaurants saßen Leute in der Sonne auf dem Bürgersteig, tranken Kaffee oder aßen. Ich hatte zwar noch nie eine Wasserpfeife gesehen, aber was einige Männer da neben sich stehen hatten, mussten Wasserpfeifen sein. Waren die nicht türkisch? Auch die vielen Frauen mit Kopftüchern kamen mir nicht typisch deutsch vor.

Wir hatten noch keine Idee, was wir machen sollten. Nkwabi hatte uns gesagt, wir sollten uns um fünf Uhr vor dem Hotel versammeln. Bis dahin waren noch zwei Stunden Zeit.

Vom großen runden Rasenstück mit Bäumen in der Mitte des Platzes und aus den Seitenstraßen kamen jetzt immer mehr Kinder angerannt. Mit großen Augen musterten sie uns und plapperten wild durcheinander. Schade, dass wir nichts verstehen konnten. Auch immer mehr Erwachsene blieben stehen, um die Horde junger Schwarzer zu betrachten.

»Was gucken die so?«, fragte Mirambo.

»Wenn bei uns 'ne Truppe Mehlsäcke herumsteht, gucken unsere Rotznasen genauso«, belehrte ihn Tutupa.

»Du sollst die Weißen nicht Mehlsäcke nennen«, fuhr ich ihn an. »Stell dir vor, einer von denen versteht unsere Sprache! Kisuahili ist weit verbreitet! Dann steht es morgen in der Zeitung und wir haben schon verschissen! Uns hat ja auch noch keiner Kohlenkasten genannt.«

»Schon gut. Wie nennen die uns denn?«

»Afrikaner wahrscheinlich. Oder Tansanier. Wir fragen nachher Hussein.«

An diesem Platz und in den Seitenstraßen, wo wir uns umguckten, gab es eine Menge kleiner Geschäfte und Restaurants. In einem Hauseingang stand ein Schwarzer und rauchte. Ich ging auf ihn zu und sprach ihn auf Kisuahili an. Erst guckte er erstaunt.

»Africa?«, fragte er mit englischem Akzent.

»Yes!«

Er grinste – und blies mir den Rauch seiner Zigarette ins Gesicht. Keine Ahnung, ob das mit der Kultur in einigen Teilen Afrikas zu tun hatte. Klar, Afrika ist groß und hat rund tausend Sprachen; was weiß ich denn, welche der Mann konnte!

Das war mein erster Versuch, mit den Leuten hier ins Gespräch zu kommen. Dass er mir den Rauch ins Gesicht geblasen hatte, fand ich nicht so toll.

Um den Platz herum standen Bäume, eine ziemlich große Rasenfläche war damit eingefasst. Aber keine Ampel führte auf diese Wiese. Als einen Moment lang kein Auto kam, rannten wir rüber, denn Kassim hatte einen Ball dabei. Ich erklärte, was Ampeln zu bedeuten hatten. Ich kannte sie aus Dar es Salaam, aber in Bagamoyo gab es so was nicht. Die weiße Kinderbande folgte uns; die Kleinen quasselten und lachten die ganze Zeit.

Da rief einer der Männer vom Bürgersteig: »Bagamoyo, Football, Yakobo!«

»Die haben uns erkannt!« Mandela war ganz aus dem Häuschen. Wir grinsten die Gruppe der Männer an.

»Televischen. Televischen«, hörten wir.

Ich weiß nicht, ob du es verstehst, aber wir fühlten uns nicht mehr ganz so unsicher und fremd, seit wir mitkriegten, dass sie wussten, woher wir kamen.

»Sollen wir denen mal was bieten?« Mandela hatte nur leise gesprochen, aber alle hatten es gehört. Sofort fingen wir an zu klatschen. Mandela wirbelte mit ihren Armen durch die Luft und setzte sich in Bewegung. Ich fühlte mich von der langen

Sitzerei im Flugzeug und Bus zwar noch steif, legte aber los. Als Doppelpack beim Tanzen sind wir ziemlich einmalig! Ich bekam nur am Rande mit, dass der komplette Bürgersteig inzwischen voller Menschen stand, die in das Klatschen einfielen. In den Fenstern hingen Frauen und Männer. Einige Autos hielten einfach an, kurbelten die Scheiben herunter, um zuzusehen. Ein paar Fahrer stiegen sogar aus. Unser Platz zum Tanzen wurde immer enger, weil die Kinder näher gerückt waren. Der ein Meter achtzig große Mirambo versuchte, sie zu erschrecken. Er zeigte seine großen Zähne und knurrte sie an, sein Blick war finster, als guckte der Teufel persönlich. Zuerst wichen sie ein Stück zurück, aber dann lachten sie und versuchten mitzutanzen. Wie aus dem Nichts kam eine Straßenbahn angerast und klingelte wie verrückt; wir hatten die Schienen gar nicht bemerkt, die mitten durch die Wiese verlegt waren.

Die Bahn war gerade weg, da hörten wir plötzlich eine laute Stimme in unserer Sprache.

»Seid ihr verrückt geworden? Ihr legt ja den Verkehr hier lahm!«

Da stand Sosovele, den kleinen Sam an der Hand. Neben ihnen Willi mit seinen roten Haaren. Er grinste über das ganze Gesicht. Wir stoppten sofort unsere Vorstellung, rundum brauste der Applaus auf und wir hörten Rufe, die wir nicht verstanden. Keiner ging weg, sie wollten noch mehr.

»Wenn ihr noch mal so was bringt, sagt mir vorher Bescheid, ja? Dann informiere ich die Presse!«

Willi war gut gelaunt. Sosovele allerdings hielt uns eine Standpauke: »Ich finde das gar nicht gut, dass ihr hier herumtanzt. Die Europäer glauben sowieso, dass wir Afrikaner sonst nichts können. Man muss solche Vorurteile nicht noch bedienen!«

Willi hatte natürlich nichts verstanden von der Strafpredigt. Wir eigentlich auch nicht so richtig. Warum sollten wir nicht zeigen, dass wir gern tanzten?

»Kommt mit!«, sagte Willi. »Ich zeige euch jetzt mal den Platz, wo ihr morgen und übermorgen trainieren könnt. Da kommen wir mit der Straßenbahn ganz schnell hin. In der Nähe ist die Badeanstalt. Ihr kommt umsonst rein, habe ich mit denen geregelt.«

»Hast du Eintrittskarten für die Bande?«, fragte Sosovele.

»Nicht nötig! Hautfarbe reicht für die nächsten zehn Tage. Die Leute hier wissen alle Bescheid.«

Gegen diese Sportanlage war unser Platz in Bagamoyo eine Müllkippe. Eine richtige Tribüne auf einer Seite, sogar überdacht. Das Feld war total eben, das Gras frisch geschnitten und so grün wie Bananenblätter, die Linien wie frisch gezogen; Netze im Tor wie bei Fernsehübertragungen aus Europa. Auf der Bahn um den Platz herum trainierten ein paar junge Mädchen Hürdenlauf.

Wir begrüßten eine dicke Frau mit Kopftuch, die aus ihrem Büro kam. Sie machte einen so forschen Eindruck wie eine unserer Marktfrauen.

»Das ist unsere Tante Käthe, die Platzwartin!«, erklärte Willi. Wir gingen gemeinsam einmal um das Spielfeld und hörten Willis Erklärungen.

»Gleich fahren wir gemeinsam in ein Restaurant. Da kommen

von der Jugendmannschaft der Dortmunder ein paar Jungs. Und auch ein paar Girlies von der Mädchenmannschaft. Damit ihr euch schon mal kennenlernt. Morgen und übermorgen wollen Nkwabi und Hussein vormittags mit euch trainieren, nachmittags guckt ihr euch den Romberg-Park an und die Innenstadt. Ihr habt ja noch nix gesehen! Einen Tag danach fahren wir mit dem Bus nach Ahlen, um drei Uhr ist Anstoß gegen eure Gegner von Bagamoyo. Die sind ganz heiß darauf, Revanche zu nehmen. Der Kartenverkauf läuft gut, da kommen sicher ein paar Leute, hoffe ich. Hier ist an dem Tag der Platz besetzt.«

Sam Njuma hatte sich alles, was er noch nicht verstand, von Hussein übersetzen lassen.

»What is with Kloppo? And Großkreutz?«, wollte er wissen.

»Jürgen Klopp kommt vielleicht zum Spiel hier im Stadion! Der hat wenig Zeit. Aber er weiß, dass ihr angekommen seid.«

Sam musste sich zufrieden geben, aber er guckte mürrisch. Nkwabi gab jedem von uns einen Zwanzig-Euro-Schein.

»Damit ihr ein bisschen Klimpergeld habt. Mehr kriegt ihr nicht, also seid sparsam. Kauft nicht jeden Schund, den ihr in der Innenstadt seht. Überlegt euch gut, was ihr brauchen könnt. Oder was ihr euren Leuten zu Hause mitbringen wollt!« Jetzt guckte er streng: »Und lasst in den Geschäften nichts mitgehen, hört ihr? Die schnappen euch sofort! Dann sind wir hier alle unten durch! Also blamiert uns nicht!«

»Ich kauf mir 'ne Sonnenbrille, 'ne schwarze, die verspiegelt ist«, hörte ich Tutupa murmeln. Aber Willi war noch nicht fertig.

»Ich hab ein gutes türkisches Restaurant ausgesucht, den Diwan, da brauchen die Muslime unter euch keine Angst vor

Schweinefleisch zu kriegen. Da habe ich ein paar Tische bestellt. Die anderen kommen direkt dorthin.«

Dann trotteten wir hinter ihm her und besahen uns das Freibad. Auch hier war alles picobello in Ordnung. Kein bisschen Abfall lag herum, überall standen Müllbehälter. Auf der Wiese lagen Leute auf Badetüchern, wie die *Mzungu* das auch an unserem Strand machten. Die Leute waren hier tatsächlich weiß wie Mehlsäcke.

»Hier könnt ihr nach dem Training schwimmen. Duschen sind im Stadion neben der Umkleide. Wir wollen auch noch nach Köln mit euch und unterwegs in einem Bauerngasthof essen.«

Im Restaurant *Diwan* übersetzte Willi uns die halbe Speisekarte und erklärte uns alles. Nach und nach kamen Jungs und Mädchen der Jugendmannschaften an unseren Tisch. Sie waren genauso befangen wie wir, und es war nicht so einfach, mit ihnen zu reden. Nur einige konnten Englisch. Eines der Mädchen war fast so groß wie Mirambo. Und blond. Sie setzte sich auch gleich neben ihn und ich bemerkte, dass er sich vor Verlegenheit fast an seinem Döner verschluckte. Eine heitere Stimmung stellte sich erst nach und nach ein. Ich wollte gerade Mandela vorschlagen, zur Stimmungsverbesserung mal 'ne Runde zu tanzen, da sagte Nkwabi über den Tisch hinweg in unserer Sprache:

»So, Abmarsch. Morgen um neun Uhr auf dem Platz! Nach der langen Reise braucht ihr ein bisschen mehr Schlaf. Der Bus steht draußen, der bringt uns zum Borsigplatz. Noch irgendwas unklar?«

»Wie kommen wir morgen zum Stadion?«, wollte ich wissen.

»Genauso wie vorhin. Ihr nehmt die Straßenbahn. Ihr kriegt eine Gruppenkarte, die gilt für die ganze Zeit.«

Mirambo fiel es sichtlich schwer, sich von dem Mädchen zu trennen, auch wenn er kein Wort mit ihr geredet hatte.

Morgen würde ich ihn nach der Geschichte mit der Polizei fragen. Ich war während des Fluges einfach nicht dazu gekommen. Besser so, ich wollte nicht, dass sonst jemand mitbekam, was wir zu bereden hatten.

Das Essen war klasse, aber der Abend wäre sicher lockerer abgelaufen, wenn wir ihn mit den Jungs von der Turniermannschaft von Bagamoyo verbracht hätten.

In unserer Wohnung gab es wegen Badezimmer und Toilette ein bisschen Gedränge. Lisa zeigte uns ein weiteres Klo eine Treppe tiefer auf dem Flur. Das machte die Organisation einfacher. Weil ich den Stau vorausgesehen hatte, war ich schon im Restaurant auf dem Klo gewesen. Jetzt sparte ich mir das Zähneputzen und war der Erste, der sich unter die Decke kuschelte und schnell einschlief.

BLASEN AN DEN FÜSSEN

Um die neuen Fußballschuhe zu schonen, hatten wir die letzten Trainingsrunden in Bagamoyo wie immer in Turnschuhen oder barfuß gespielt. Das war ein Fehler. Die Folgen zeigten sich schon am ersten Morgen auf dem Platz. Die Hälfte der Mannschaft hatte Blasen an den Füßen; sogar Mandela, die nicht als wehleidig bekannt ist, humpelte ein bisschen. Von den Deutschen, die wir kannten, war Soner gekommen und trainierte mit.

Als ich Sosovele meinen kaputten linken Fuß zeigte, meinte er nur: »Soner holt gleich Pflaster aus der Apotheke. Aufstechen und draufkleben. Und weiterspielen. Los!«

Später besorgte er noch eine Salbe. Die hatten hier echt Zaubermittel im Angebot, da können unsere Heiler noch einiges lernen!

Keiner hatte richtige Lust zu trainieren. Wir waren in einem fremden Land – und sollten stundenlang über eine Wiese rennen, von der aus man nichts sehen konnte als Gebüsch und ein paar entfernte Türme. Da war unser Ausflug in die Innenstadt schon von anderem Kaliber. Es gab Straßen, wo kein einziges Auto fuhr und eine Menge Leute herumliefen. Ein paarmal blieben Ehepaare oder Gruppen stehen und sahen uns an, lachten und klatschten. Sie hatten sicher Yakobo im Fernsehen gesehen oder von unserem Kommen gelesen. Tutupa hatte sich blitzschnell eine verspiegelte Sonnenbrille besorgt und trug sie stolz durch die Stadt. Kassim trug ein T-Shirt in Gelb-Schwarz, mit BVB und dem Gesicht von Trainer Klopp vorne drauf. Sam sah ihn neidisch an und wollte auch so eins.

Was meine Freunde sonst noch einkauften, bekam ich gar nicht mit. Es interessierte mich auch nicht besonders. Ich setzte mich mit Mirambo ein bisschen ab von den anderen.

»Was war denn das mit der Polizei?«

Er kaute verlegen an seinen Lippen. »Also, Sosovele wusste plötzlich von meinem Job: ein paar Sachen bei Leuten abliefern. Das hat er mir gesagt und dass ich einfach wie bisher weitermachen sollte. Das hat mich erst gewundert. In der Schule bist du krankgeschrieben, hat er gesagt. Kein Wort zu irgendjemand! Bis du von mir Nachricht kriegst. Kurz darauf hat mich die Polizei geholt und ich habe ihnen alles gesagt, was ich wusste. Geh wieder nach Hause, mach weiter wie bisher, haben sie gesagt. Keine Ahnung, was das zu bedeuten hatte. Später, im Flugzeug, hat mir Sosovele gesagt, sie hätten meine Auftraggeber und deren Kontakte in Dar es Salaam hochgenommen. Sie wollten erst alle im Kasten haben, damit mir nichts passiert, hat er gesagt. Und dass er mir helfen wird, einen anderen Job zu finden. Mehr weiß ich nicht.«

»Was willst du denn für einen Job machen?«, fragte ich ihn.

Er kaute immer noch verlegen auf seinen Lippen herum. »Keine Ahnung. Hussein sagte, er würde was finden.«

»Wer hat denn eigentlich die Polizei informiert?«, wollte ich noch wissen.

»Pater Jonathan. Der hat gute Beziehungen, auch Sosovele hatte seine Finger drin, glaube ich. Aber Weiße haben mehr Einfluss bei den Bullen, hat er mir gesagt.«

Was er da erzählte, beruhigte mich. Wenn ich alles richtig kombinierte, hatte die Polizei unseren Spieler aus der Schusslinie genommen. Ziemlich anständig, dachte ich. Sie hätten ihn auch lange in ein Heim für kriminelle Kinder stecken können.

Da tauchte plötzlich aus einer Nebenstraße am Bahnhof Nicki auf und es gab ein großes Hallo! Vor allem Mandela und er begrüßten sich, als wollten sie sich gegenseitig erdrosseln. Nicki kam nicht allein, er hatte einen Freund dabei, Jakob.

»Jakob spielt für Boris, der ist krank geworden. Er ist unser neuer Messi!«

Vielleicht war das übertrieben, aber wir begrüßten den netten Jakob, wie es sich gehört.

»Wo seid ihr denn hier untergebracht, Alter?«, fragte ich Nicki. »Wenn du willst, nehmen wir euch mit. Auf dem Sofa im Wohnzimmer ist Platz. Mama Lisa hat sicher nichts dagegen.«

»Nett von dir. Aber mein Großvater wohnt ja hier und hat Platz genug. Der will sich eure Spiele ansehen.«

Nicki kam mit Jakob am Abend in unser Restaurant, mit seinem Großvater an der Seite. Aber das störte ihn keineswegs bei der Begrüßung von Mandela. Nicki war ganz locker drauf, und sein Großvater offenbar auch. Der unterhielt sich glänzend mit Willi und Nkwabi am anderen Ende des Tisches.

Als wir zwei Tage später in den Vereinsbus nach Ahlen stiegen, klagte niemand mehr über wunde Füße. Pflaster und Salbe hatten Wunder gewirkt. Als einige der Spieler von der deutschen Mannschaft zustiegen, gegen die wir schon in Bagamoyo gespielt hatten, war die Begrüßung unbeschreiblich. Trotzdem war irgendetwas anders. Wir waren nicht mehr so ungezwungen wie damals. Vielleicht weil wir uns lange nicht gesehen hatten?

Oder lag es an der Aufregung vor dem Rückspiel?

In drei Stunden würde der Anstoß sein.

Ich machte mir Sorgen, ob überhaupt Leute kommen würden. Außer Nickis Großvater, den Eltern von Soner und Mama Lisa. Vielleicht kamen noch ein paar vom Bagamoyo-Verein? Doch das war nicht alles, was mich bedrückte.

Das Spiel in Bagamoyo war irgendwie einmalig gewesen. Für alle! Dass wir zum Rückspiel hier waren, ging in Ordnung. Ich spürte aber, dass unsere Mannschaft die Erwartung hatte, das Rückspiel würde das gleiche große Ereignis werden. Das konnte ich mir nicht vorstellen. Wir hatten nichts vorzubereiten, der Platz war vermutlich so perfekt wie das Dortmunder Stadion. Es würden keine Kühe über den Platz latschen, Yakobo würde seine Schuhe anbehalten. Wenn überhaupt Leute kamen, war es ein völlig anderes Publikum. Mit ein bisschen Heimweh dachte ich an unsere Leute in Bagamoyo, und an unseren Platz.

Ich konnte mir *nichts* vorstellen, das war das Problem.

Spielen wir hier auf dem Acker, oder wie?

Am Ende des letzten Trainings hatten uns Nkwabi und Hussein beiseitegenommen. Wir saßen auf dem weichen Rasen. Auf der Tartanbahn liefen noch immer junge Mädchen und warfen eifrig die Hürden um. Tante Käthe machte ein paar Fotos von uns.

»Sieht man ja nicht alle Tage, so was«, sagte sie und ließ uns dann in Ruhe planen. Nkwabi hatte einen Schreibblock dabei und zeigte uns die Aufstellung.

»Wir versuchen ein paar Änderungen, um deren Abwehr besser zu knacken und den Angriff zu verstärken. Die im Mittelfeld müssen ein bisschen mehr laufen, müssen Abwehraufgaben übernehmen. Nicht vergessen: Kurzes Zuspiel, lange Pässe nur gezielt – und Ball halten! Mandela geht ins offensive Mittelfeld, hilft aber in der Verteidigung aus, wenn es brennt. Das gilt auch für Kassim, Tutupa und Omari. Das sind die Schaltstellen für den Angriff, zugleich locken sie die Gegner raus. Da vorne lauern Mirambo auf links, Said zurückhängend in der Mitte und rechts Nelson. Zangenbewegung, ihr versteht?! Die vier dahinter rücken immer nach, sie besetzen sofort offene Räume und bieten sich an. Wir haben das ja geübt. Also 3 – 4 – 3! In der Verteidigung arbeiten Hanifa, Hanan und in der Mitte Guido. Lupembe und Wilson bleiben erst mal auf der Bank.«

Natürlich hockte Sam Njuma mitten unter uns. Aber er hielt sich mit Kommentaren zurück, auch wenn es ihm schwerfiel. Ich hatte noch Fragen.

»Und wer macht den Libero?«

»Kannst du vergessen! Spielmacher sind alle, auch der Torwart bereitet mit seinem gezielten Abschlag den Angriff vor! Die beiden Mädchen und Guido haben ja genaue Pässe nach vorn geübt, da muss sich jetzt zeigen, wie ihr klarkommt.«

»Wenn ich mehr nach vorn gehe«, sagte Mandela, »fehle ich in der Abwehr!«

»Kommt darauf an, wie sich das Spiel entwickelt. Da ist ja noch Guido. Wir müssen vielleicht schnell umschalten. Wir wissen ja noch nicht, wie die Gegner sich aufstellen. Jeden Meter, den der Ball nach vorn durch die Luft geht und richtig ankommt, müsst ihr nicht rennen.«

Da mischte sich Hussein Sosovele ein. »Wenn ihr 'ne Packung kriegt, ist das nicht so schlimm. Wir sind Gäste, vergesst das nicht. Aber das wird Yakobo schon verhindern. Und«, er unterbrach sich lachend und tippte Yakobo an die Brust, »du bleibst im Tor! Noch einmal kannst du solche Tricks wie damals nicht versuchen.«

»Ich lass keinen rein!«, sagte er und grinste in die Runde.

»Nicht jeden Elfmeter kann man halten«, fertigte ihn Sosovele ab.

Wir kannten Ahlen noch nicht und hatten keine Vorstellung vom Wersestadion. Unser Bus fuhr nach Verlassen der Autobahn nur noch durch Felder, die in voller Pracht standen; Getreide, Kartoffeln, Mais, ganze Felder voller Kohl und anderem Gemüse. Eine Menge Pferde, so mächtig wie Elefanten. Bei uns kriegte man selten Pferde zu Gesicht, schon gar nicht solche! Ab und zu ein Stück Wald, dann wieder Bauernhöfe, Gärten und Wiesen mit Kühen ohne Höcker. Mir ging durch den Kopf, dass wir in Ahlen vielleicht auf einem Bauern-Bolzplatz kicken würden, denn seit einer halben Stunde kamen wir nur durch kleinere Dörfer.

Ich hatte mich wieder mal geirrt. Das Stadion kam ganz plötzlich in Sicht, unser Bus fuhr hinter eine hohe Tribüne. Der Platzwart führte uns in die tollen Mannschaftsräume.

»Von wegen, 'ne Packung kriegen!«, schnaubte Mandela, während sie sich die Schuhe schnürte. »Die putzen wir weg!«

»Warte ab«, gab ich zu bedenken, »die sind heiß! Passt auf Kongo-Otto, Wölfchen und Nicki auf.«

»Der Nicki traut sich ja sowieso nicht in die Nähe von Mandela«, sagte Tutupa und wir lachten los, dass die Scheiben zitterten. Mandela nahm es lächelnd entgegen, dass hier auf ihre Kosten Witze gemacht wurden.

»Die zeigt ihm doch bisher auch keine Rote Karte!«, schob Hanan nach, und wir lachten noch mehr.

»Du kriegst den ersten Elfmeter gegen Torwart Soner. Der wird sich dann bei dir auf Türkisch bedanken!«

Ich war richtig erleichtert, dass die Stimmung sich gelockert hatte.

»Ich guck mal, ob überhaupt Leute da sind. Hier sind wir schließlich auf dem Lande.« Ich folgte dem Gang und riskierte einen Blick durch den Ausgang, wo der Platzwart stand.

»Rappelvoll«, sagte er zufrieden. »Ganze Schulklassen. Und da kommen noch mehr!«

Ich ging zurück in den Umkleideraum, da sah ich, dass die Deutschen sich schon auf dem Flur lockerten. Ich beeilte mich, unsere Truppe zu rufen.

»Kaum Publikum«, sagte ich und zog ein enttäuschtes Gesicht. Dann trabten wir neben der Reihe der Gegner los durch den langen Gang auf den Platz.

Direkt am Ausgang stand das blonde Mädchen und winkte Mirambo zu. Sie klatschten die Hände gegeneinander. Er grinste sie verlegen an.

»Wie heißt sie?«, fragte ich ihn.

»Wen meinst du?«

»Tu nicht so, Mister Mirambo!«

»Weiß ich nicht.«

Ich konnte schlecht einschätzen, wie viele Leute gekommen waren. Die Tribüne war voll, die meisten Stehplätze ebenfalls besetzt. Es waren eine Menge Kinder und Jugendliche, aber ebenso viele Erwachsene.

Wir stellten uns auf. Bevor Willi die Spielführer und die Linienrichter zu sich rief, rannte ein Mann mit Mikrofon und einem Ständer auf die Mitte des Platzes.

»Jetzt redet erst der Bürgermeister«, sagte Hussein. »Und dann anschließend du!« Er tippte mir dabei auf die Schulter. Mir schoss das Blut ins Gesicht.

»Bist du verrückt? Das hätte ich doch wissen müssen. Was soll ich denn da sagen?«, empörte ich mich.

»Sag irgendwas Nettes zu den Leuten. Dir fällt schon was ein.«

Jetzt wusste ich noch genauer, warum ich vor dieser Reise als Spielführer zurücktreten wollte! Wer jemals vor einer Menschenmenge in ein Mikrofon gesprochen hat, wird das verstehen. Mir rasten Gedanken durch den Kopf, die mich ganz verrückt machten. Eine Ansprache vor ein paar Tausend!

Da schob sich Mandela an meine Seite und flüsterte mir zu: »Red einfach so wie immer, wie du dich so fühlst hier. Dann kann nichts schiefgehen.«

Was der Bürgermeister sagte, kriegte ich vor Aufregung nicht mit, obwohl er Englisch sprach. Er wurde immer wieder von Applaus unterbrochen. Er sagte sicher etwas Freundliches, vielleicht sogar über uns. Dann winkte er mich vor das schwarze Ding.

»Jetzt begrüßt euch der Spielführer unserer tansanischen Freunde, Nelson Kitumbo!« Applaus von allen Seiten.

Ich klammerte mich mit der rechten Hand am Mikrofon fest, dann legte ich los.

»Also, erst mal *Jambo*, so sagt man bei uns.« Großer Beifall brandete auf. »Ich hoffe, ihr seid auch so gut drauf wie wir.« Gelächter, Beifall und Rufe von allen Seiten, die ich nicht verstand. »Wenn einige meinen, wir könnten in Afrika nur tanzen, dann irren sie sich!« Gelächter. »Wir könnten euch 'ne Menge erzählen, was wir so alles fertigbringen. Heute ist aber Fußball angesagt.« Gelächter und donnernder Beifall unterbrachen mich. »Auf der Fahrt durch die Felder hierher hab ich gedacht, Ahlen ist sicher

ein Dorf. Und ein Bauer hat einen Acker für das Spiel freige-
räumt. Aber da war ich wohl falsch informiert.« Wieder Gelächter. »Tolles Stadion! Hier gefällt es uns super. Wir sind einfach
froh, wieder gegen diese Mannschaft zu spielen. Ihr könnt euch
nicht vorstellen, wie das in Bagamoyo ist, wo wir herkommen!
Die Leute reden heute noch von dem Spiel.« Kleine Pause, und
langsam weiter: »Diese Mannschaft, das sind keine Gegner mehr
für uns«, ich machte noch eine kleine Pause, alle waren ganz still
geworden, »das sind keine Gegner, sondern Freunde. Freunde
kann man im Spiel besiegen oder gegen sie verlieren. Und man
bleibt trotzdem befreundet. Also legen wir los!«

Sogar meine Leute und die deutschen Spieler spendeten Beifall. Mir klopfte das Herz. Ich hatte keine Ahnung, ob ich nur
Blödsinn geredet hatte. Aber als Mandela mich ansah, wurde mir
klar, dass ich wohl den richtigen Ton getroffen hatte. Auch Sosovele guckte zufrieden.

Jetzt wurden die Seiten gewählt, wir gingen auf unsere Positionen und der Rote Willi pfiff das Spiel an.

Die Batterie der Gefühle

Ich hätte es wissen können, war aber im Kopf mit anderen Dingen beschäftigt. Als Mandela in der Umkleidekabine sagte: »Von wegen 'ne Packung!«, hörte sich das an, als wollte sie sich und uns motivieren, richtig loszulegen. Dafür gab es eine Menge Gründe: Das Fernsehen war da und einige Leute von der Presse. Viele Zuschauer. Was kann man mehr erwarten?

Trotzdem hatte ich nicht den Eindruck, dass unsere Mannschaft mit Leidenschaft in das Spiel ging. Und ich selber auch nicht.

Damit du mich nicht falsch verstehst: Es war durchaus kein lahmes Spiel, und es machte auch Spaß, gegen Kongo-Otto und Co. noch einmal anzutreten, aber es war anders als in Bagamoyo vor einem halben Jahr. Das Publikum ging wunderbar mit, bejubelte jeden guten Spielzug, egal von welcher Mannschaft. Trotzdem: *Etwas war anders.*

In der Pause saßen wir ein bisschen ratlos im Umkleideraum. Es stand 2:2, also kein Grund zur Sorge. Nkwabi hatte gespürt, dass wir unzufrieden waren, weil wir nicht unser Letztes gegeben hatten. Er versuchte, uns zu beruhigen, und erklärte, was ich vielleicht schon ahnte, aber nicht hätte ausdrücken können.

»Die Monate vor der Reise haben euch ganz in Anspruch genommen. Und eure Erwartungen an dieses Spiel haben sich in den letzten Wochen hochgeschaukelt. Das ist normal und ihr dürft euch nicht wundern, dass eure Gefühlsbatterie leer ist«, sagte er.

»Ihr habt ja nicht schlecht gespielt«, ergänzte Hussein. »Vielleicht platzt ja gleich noch der Knoten.«

»Wer soll das machen? Yakobo etwa?«, fragte ich böse. »Soll der wieder ein Feuerwerk abbrennen?«

»Vergiss es! So etwas kann man nicht planen.« Sosovele schüttelte den Kopf. »Yakobo hat gut gehalten, sonst würden die Gegner schon 5:2 führen. An ihm liegt es nicht.«

Wir starrten missmutig vor uns hin. Was Nkwabi da gesagt hatte, war nicht einfach zu begreifen. Vielleicht hatte es mit Psychologie zu tun, aber wer weiß das schon. Ich war froh, dass die beiden uns keine heißen Ohren verpassten.

Sosovele stellte sich in die Tür, als wir auf die große Wanduhr blickten und uns schon fertig machen wollten zur zweiten Halbzeit.

»Sollen wir jemanden auswechseln? Wilson und Lupembe spielen gern!« Keiner meldete sich. »Okay, spielt so weiter wie bisher. Vielleicht bringen wir unsere beiden Ersatzleute noch rein, jetzt legt erst mal los! Kein Grund zur Sorge!«

So gelassen hatte ich ihn selten erlebt. Mich beruhigte, dass unsere beiden Trainer Verständnis für uns zeigten, das gab uns ein gutes Gefühl. Oder hätte ich mir als Spielführer unsere Mannschaft vorknöpfen sollen? Dazu fühlte ich mich nicht in der Lage.

Der kleine Sam hatte ganz verschüchtert zwischen den Spielern gesessen und kein Wort gesagt. Er kapierte sicher nicht, um was es ging. Oder aber er hatte ein feines Gespür dafür, dass jetzt nicht der richtige Zeitpunkt war, die Klappe aufzureißen.

Die Gefühlsbatterie ist leer, hatte Nkwabi gesagt. Davon hatte ich noch nie etwas gehört, aber mir dämmerte so nach und nach, was er wohl damit meinte. Ich hatte mir ja selbst schon Gedanken darüber gemacht, dass ich mir *nichts* vorstellen konnte. Vielleicht meinte er das. Man erlebt ein großartiges Ereignis, aber wiederholen kann man es nicht. Der Gedanke machte mich traurig, aber zugleich beruhigte er mich auch.

Wenn wir gegen die Borussia-Jugendmannschaft antraten, war es vielleicht anders. Jetzt ging es erst einmal darum, unser Bestes zu geben und das Publikum nicht zu enttäuschen. Das schuldeten wir den Leuten, die unseretwegen gekommen waren und Eintritt bezahlt hatten.

»Reißen wir uns zusammen!«, sagte ich, als wir zum Anstoß auf den Platz liefen. »Und zeigt nicht so missmutige Gesichter!« Da grinsten sie mich an, und genau das hatte ich gewollt. Mehr konnte ich jetzt für die Mannschaft nicht tun. Außer selber ein gutes Spiel abzuliefern.

Ich hatte nicht den Eindruck, dass unser Gegner ähnliche Probleme hatte. Nicki, Wölfchen, Kongo-Otto, Asaf und Jakob zeigten wunderbare Kombinationen, und unsere Abwehr hatte alle Hände voll zu tun. Mandela kam kaum aus unserem Strafraum raus. Nicki hatte nicht viel übertrieben, als er Jakob den *neuen Messi* nannte. Der brachte uns in ziemliche Schwierigkeiten mit seinen Vorstößen und seiner Schnelligkeit.

Aber auch unsere Strategie ging auf. Wir brachten den Ball doppelt so häufig vor das gegnerische Tor wie seinerzeit in Bagamoyo, aber Torwart Soner war so gut wie unser Yakobo. Das ganze Spiel lebte von den tollen Torchancen, von den Paraden der beiden Torwarte, von den Kombinationen. Die Begeisterung des Publikums forderte von uns alles Können. Die Pässe von der Abwehr ins Mittelfeld oder direkt in die Spitze waren einsame Klasse, aber das nächste Tor für uns durch Mirambo fiel erst in der achzigsten Minute. Zehn Minuten vorher hatte Nkwabi Lupembe und Wilson für Omari und Kassim eingewechselt; sie machten ihre Sache gut. Nach einer Ecke stand Mirambo genau richtig und köpfte ein; Soner hatte keine Chance und schrie seine Vorderleute an.

Torwarte suchen die Schuld immer bei den Vorderleuten.

Das Gegentor kam schon zwei Minuten später, als Nicki einen sagenhaften Pass zu Olaf in die Spitze spielte. Olaf nahm ihn sicher an und spitzelte ihn blitzschnell zu Jakob, der zu René – und dann musste Yakobo hinter sich greifen, wie man so sagt.

Ich hätte es mir denken können: Fünf Minuten vor Schluss trabte keine Kuhherde über den Platz, sondern Mandela legte als letzte Rettung Kongo-Otto im Strafraum flach. Ich dachte schon: Der steht nicht mehr auf! Aber Otto konnte einiges wegstecken. Elfmeter. Würde Yakobo es noch einmal schaffen? Ich hatte da meine Zweifel. Wer würde schießen? Nicki legte sich den Ball zurecht. Und schoss. Yakobo flog in den rechten Winkel und klatschte den Ball ins Feld zurück. Da aber waren Rudi und Wölfchen schon dran. Yakobo hatte keine Chance.

Wir hatten zwar knapp verloren, trabten aber zufrieden um den Platz herum, die tansanische Flagge vor uns, und winkten dem Publikum. Ich sah Mama Lisa, Nickis Großvater, Rudolf und Levent in den vorderen Reihen. Alle waren gekommen. Der kleine Sam Njuma trabte hinter uns her und winkte, als hätte er das Siegtor geschossen. Er kassierte Sonderapplaus. Vermutlich hatte sich herumgesprochen, dass wir ihn als Maskottchen dabei hatten.

»Ich hätte euch ja gern zu mir nach Hause eingeladen, aber da ist zu wenig Platz. Wir gehen in die Kantine der Schule. Da ist alles vorbereitet. Ich hab noch ein paar Leute eingeladen, die mit euch sprechen wollen. Presse und so.« So erfuhren wir, dass Willi Lehrer war und in der Schule dem Stadion gegenüber arbeitete.

Wir duschten uns, zogen uns um und überquerten die Straße. Die deutschen Spieler wussten schon Bescheid, einige stammten aus Ahlen.

In der Kantine war ein unwahrscheinliches Buffet aufgebaut. Warme Suppe, Nudeln, Kartoffeln, Reis, Gemüse, Salat, Fisch, Fleisch, Pudding, Käse. Und Sachen, die ich noch nie probiert hatte. Mandela legte sich ein dickes Schweineschnitzel auf den Teller. Sie hatte wohl vergessen, dass sie Muslimin war. Wir waren hungrig und hatten Riesendurst, und außerdem waren wir noch damit beschäftigt, den rätselhaften Frust loszuwerden. Dabei ging es nicht darum, dass wir verloren hatten.

Auch Willis Frau und seine drei Töchter waren gekommen, alle mit roten Haaren wie ihr Papa. Willis Frau ließ es sich nicht nehmen, alle zu umarmen.

»Ich hab so viel von euch gehört. Endlich lerne ich euch kennen!«

Da nahm Willi mich zur Seite. »Hör mal. Da ist ein Lehrer, der will mal mit dir reden!« Er führte mich in eine Ecke, wo ein junger langhaariger Mann mit Bart saß und einen vollen Teller vor sich hatte. In seinem Ohr steckte eine Perle.

So würde bei uns kein Lehrer herumlaufen!

Nkwabi saß daneben, er hatte sich wie immer nur ein bisschen Salat auf den Teller getan. Willi und ich setzten uns dazu. Ich war gespannt, was der Lehrer von mir wollte.

»Du hast bei deiner tollen Begrüßung davon gesprochen«, begann er und schaufelte sich Kartoffeln rein, »was ihr in Afrika so alles könnt.«

Ich sah ihn fragend an, hatte keine Ahnung, worauf er hinauswollte.

»Also, ich denke, es wäre toll, wenn du in meine Klasse kommen könntest. Und ein bisschen davon erzählst. Was ihr so macht in Afrika.«

Ich war völlig überrascht. »Ich kenne nur Bagamoyo«, sagte ich stotternd. »Und lese manchmal die Zeitung. Was soll ich denn da erzählen?«

»Ich dachte mir, wie ihr so lebt und was du damit gemeint hast, dass ihr außer Tanzen noch 'ne Menge draufhabt.«

Da war ich in eine Falle getappt. Ich hatte das nur erwähnt, weil Sosovele uns fertiggemacht hatte, als wir am Borsigplatz getanzt hatten. Sollte ich einfach ablehnen? Das wäre unhöflich. Also suchte ich einen Ausweg.

»Ich will mal darüber nachdenken. Ich rufe Sie an, ja?«

Er gab mir seine Karte.

»Das würde mich sehr freuen, Nelson. Vielleicht kannst du ja deine Schwester Mandela mitbringen, das wäre großartig.«

Ich erhob mich und schlenderte zum Buffet. Mandela hatte sich gerade ihr zweites Schweineschnitzel geholt und war mit sich sehr zufrieden. Auch wenn sie den Elfmeter verursacht hatte. Die war selbstbewusster als unsereiner.

Überall in dieser großen Kantine hatten sich Gruppen gebildet, Afrikaner und Deutsche, dazwischen die türkischen Spieler und eine Menge Erwachsene, vermutlich Eltern oder Lehrer. Ich hätte gern mitgekriegt, worüber sie sich unterhielten, aber man kann nicht an verschiedenen Stellen gleichzeitig sein. Das habe ich immer schon bedauert, bisher aber keine Lösung für das Problem gefunden.

Einen vom Elefanten erzählen?

Im Bus war es auf der Rückfahrt nach Dortmund ganz still. Einige von uns schliefen, müde vom Spiel und vom guten Essen. Omari und Mirambo spielen Karten. Andere guckten einfach nur aus dem Fenster, so wie ich. Die Einladung in die Schule machte mir zu schaffen. Als ich Mandela davon erzählte, sagte sie: »Zahlen die dafür?«

»Keine Ahnung!«

Da mischte sich Nkwabi ein. »Ihr kriegt jeder hundert Euro, hat er mir gesagt. Er holt euch mit dem Auto ab und bringt euch wieder nach Hause.«

»Aber ich hab doch keine Ahnung, was ich da sagen soll. Außerdem, wann sollen wir das machen?«, gab ich zu bedenken.

»Übermorgen, wenn die anderen nach Köln fahren. Außerdem hast du ja noch nicht einmal drüber nachgedacht«, sagte Sosovele. »Da kann man doch eine Menge vorbringen.«

»Zum Beispiel?«

Sosovele musste wohl auch erst nachdenken, bevor er seine Vorschläge vorbrachte.

»Niemand erwartet von euch einen Vortrag über ganz Afrika. Ihr seid zwölf Jahre alt und kommt aus Bagamoyo, also erzählt ihr von Bagamoyo.«

»Und was gibt es da so Besonderes, was die Leute hier interessieren könnte?«, fragte ich.

»Am Anfang könnt ihr ruhig erwähnen, dass Tansania kein reiches Land ist, wenig Industrie hat und es schwierig ist, Geld aufzutreiben. Selbst wenn einer Arbeit hat, verdient er viel weniger als hier, so im Schnitt fünfundzwanzig Euro monatlich. Wenn es Probleme gibt, sind die Menschen auf sich selbst gestellt. Jeder hilft dem anderen, wenn er Hilfe braucht. Die Leute reden miteinander, mehr als hier in Europa.

Ich will mal ein paar Beispiele nennen, die mir gerade so einfallen.

Dahinten sitzt die kleine Rotznase Sam Njuma. Sechs Jahre alt. Er hat sich selbst das Lesen beigebracht, noch bevor er in die Schule kommt. Er lernt hartnäckig Englisch, bald wird er das perfekt können. Jeden Touristen quatscht er an, um Englisch zu üben. Und warum tut er das? Aus Begeisterung für seine Sache! Dahinter steckt Leidenschaft! Ist doch egal, ob er wirklich eines Tages Fußballprofi wird. Aber aus dem wird was, garantiert! So einen muss man fördern, deshalb habe ich ihn auch mitgenommen.

Dein Vater, Nelson, war arbeitslos. Hat er sich in Kneipen gesetzt und volllaufen lassen und sich bedauert? Nein! Er hat nachgedacht und seine Schlangenfarm aufgebaut. Davon lebt jetzt eine ganze Familie, und ein Angestellter.

Der Vater von Omari hat von seinem wenigen Geld eine Zeitschrift abonniert, um sein Land besser zu bestellen, um bessere Erträge zu bekommen. Er besucht jeden Kursus, der angeboten wird. Aus eigener Initiative.

In das Kulturzentrum von Nkwabi kommen Hunderte junger Leute aus allen Landesteilen, um Tanzen, Schauspielerei, Musizieren und Pantomime zu lernen. Das machen die nicht, weil sie auf das große Geld hoffen. Sie wollen in ihre Gegenden Botschaften weitergeben; Stücke schreiben und aufführen über Aids und was man dagegen tut. Über die Rechte der Frauen. Das Problem der Albinos ... Sind ja nur ein paar Beispiele.

Dann guck dir den Mirambo an. Um in die Schule gehen zu können, hat der arme Sack sogar krumme Sachen gemacht. Nicht weil er ein Tagedieb ist, sondern weil er ein Ziel hat. Lernen, um eines Tages eine Familie gründen zu können. Auch so einer braucht Förderung!

Die Eltern von Guido, die ohne einen Schilling nach Bagamoyo gekommen sind, haben heute eine Gärtnerei. Sie züchten Blumen, Gemüse und all den Kram. Jetzt können sie davon leben! Ihr braucht euch doch nur umzusehen bei uns!«

Er machte eine Pause, sah aus dem Fenster.

»Der Lehrer, der euch eingeladen hat, gehört zum Freundeskreis Bagamoyo. Diese Leute haben das Geld besorgt, um das Krankenhaus und einige Schulen bei uns zu renovieren und um Schulbücher zu kaufen. Wenn die einen Wunsch an euch haben, könnt ihr euch doch mal Mühe geben, oder?«

Ich hatte darüber noch nicht nachgedacht, trotzdem meldeten sich Bedenken. »Ihr seid Erwachsene und kennt solche Geschichten.«

»Du kennst noch viel mehr! Ich in meiner schönen Villa kümmere mich um anderen Scheiß, Aktien und so. Du lebst doch mittendrin. Und Mandela auch!«

Ich sah meine Schwester an. Sie ist meistens mit der Klappe vornweg; jetzt wirkte sie nachdenklich, als sie ihren Kommentar abgab.

»Sosovele hat ja Recht. Wenn die Leute solche Geschichten interessieren. Da fällt uns schon was ein! Und ich denke an die zweihundert Euro. Davon können wir uns Klamotten kaufen, oder ein gebrauchtes Fahrrad. Und unseren Alten ein schönes Geschenk machen. Denk mal nach, Bruderherz: zweihundert Euro! Wie lange musst du im Supermarkt arbeiten, um so viel zu verdienen!? Ein erwachsener Mann schuftet dafür ein ganzes Jahr!«

»Ich denke darüber nach«, sagte ich und wollte eigentlich das Gespräch beenden und an ein eigenes Fahrrad denken. »Bringen die da in der Schule auch so rassistische Sprüche, ich meine gegen Schwarze? Ich hab davon gelesen.«

Sosovele grinste. »Glaube ich nicht, aber es kann schon mal passieren. Es gibt bei den Weißen eine Menge Vorurteile, wenn es um Afrika geht. Kann sein, dass jemand sagt, eure guten Englischkenntnisse hättet ihr doch sicher nicht in Afrika erworben. Als ob wir keine guten Schulen und Lehrer hätten!

Oder jemand äußert gönnerhaft: ›Ist ja nicht eure Schuld, dass ihr schwarz seid.‹ Dann müsst ihr ihnen eben den Marsch blasen. Solche Typen sollten mal in den Spiegel gucken! Als wenn die Mehlsäcke schöner wären …«

Er lachte bissig.

»Außerdem ist Rudolf dabei, der kann immer einspringen – oder was über den Naturschutzpark Saadani erzählen, der weiß mehr als ich über Tansania. Aber die Hauptpersonen seid ihr! Weil ihr Afrikaner seid.«

»Und wenn die Fragen stellen, die wir nicht beantworten können?«

»Einfach sagen: Weiß ich nicht! Mann, ihr seid zwölf Jahre alt ... Wenn jemand dumme Fragen stellt, dann stellt ihr Gegenfragen: Was sie denn so von Afrika wissen. Die Antworten wären ganz interessant.«

Ich wollte noch keine Entscheidung treffen, weil ich ja eher der Typ bin, der sich alles gut überlegt. Die Beispiele, die Sosovele da gegeben hatte, hörten sich gut an. Aber würde Mandela und mir noch mehr einfallen?

Der Bus hielt am Borsigplatz und wir stiegen aus. Die komplette Mannschaft und ein paar der deutschen Spieler kamen noch mit in eine türkische Kneipe und wir bestellten Cola und so 'n Zeugs. Mirambo genehmigte sich ein Bier und wollte rauchen. Aber sofort kam die türkische Bedienung und wies ihn wegen der Zigarette vor die Tür.

So langsam entspannten wir uns.

BESSER IN KEINE FALLE TAPPEN

Ich rief am nächsten Morgen den jungen Lehrer an und bestätigte ihm, dass wir in seine Klasse kommen würden. Am Tag, bevor wir gegen die Jugendmannschaft aus Dortmund antreten sollten, holte uns morgens um sieben ein Wagen ab. Der Fahrer war der Hausmeister der Schule, der kein Wort Englisch sprach. Wir saßen auf dem Rücksitz und hatten Zeit, uns in Ruhe auf unseren Auftritt vor den Schülern vorzubereiten.

Mandela machte sich überhaupt keine Sorge, dass es schiefgehen könnte. »Was Sosovele da alles gesagt hat, ist ja interessant, aber für uns nicht geeignet. Wenn da Rückfragen kommen, sind wir aufgeschmissen. Man sollte nur über das reden, was man kennt. Am besten, wir stellen denen erst mal ein paar Fragen, und dann erzählen wir, wie wir in Bagamoyo so leben: von unserer Familie und unseren Nachbarn, von Papas Schlangenfarm, von *Mzee* Alex und seinen Booten, von Mama und ihren Büchern, von Drogenproblemen und Überfällen am Strand. Von den Touristen und was wir mit denen so erleben. Dann: Warum wir Mandela und Nelson heißen, warum du lutherisch bist und ich muslimisch, dass wir in der Schule mit hundertzwanzig Schülern in einer Klasse sitzen, wie es auf dem Markt aussieht, wer unseren Fußballclub gegründet hat – und warum – und so. Was meinst du?«

»Reicht das denn für zweihundert Euro?«, fragte ich zweifelnd, musste aber doch grinsen, weil in Mandelas Vorstellung auch schwierige Dinge immer ganz einfach wurden.

»Wenn sie was anderes wollen, hätten sie ja Sosovele einladen können«, gab Mandela zurück. »Aber die Geschichte von Sam Njuma und seiner Begeisterung für Fußball, und dass er sich selbst das Lesen beigebracht hat, die möchte ich erzählen.«

In den zwei Schulstunden zeigten wir, ohne dass ich übertreibe, dass wir ein gutes Team sind. Es gab überhaupt keine Probleme, weil wir es genau so machten, wie Mandela vorgeschlagen hatte. Wir erzählten auch lustige Sachen, machten zwischendurch ein paar Tanzschritte. Ich weiß ja, wie langweilig es werden kann, wenn einer da vorne die ganze Zeit den Lehrer spielt. Zwischendurch erklärte Rudolf einiges, wenn er den Eindruck hatte, dass sie nicht alles begriffen hatten. Dann schossen wir auch ein paar Fragen ab. Die wussten eine Menge über Afrika.

Die Zeit ging schneller vorbei als befürchtet. Es gab keine peinlichen Pausen, keine Fragen nach unserer Hautfarbe. In der Klasse saßen sogar vier Kinder, deren Eltern aus Afrika stammten. Ich hatte den Eindruck, dass diese vier besonders stolz waren, dass Afrika im Mittelpunkt stand.

Die komplette Klasse kam mit bis ans Auto. So viele weiße Hände habe ich mein Leben lang nicht gedrückt. Und die Mädchen umarmten mich, was mir nicht gerade unangenehm war. Der Lehrer drückte uns zum Abschied einen Umschlag in die Hand.

»Es war wunderbar. Das nächste Mal bringt ihr Sam Njuma mit! Ihr habt euch das Honorar wirklich verdient!«, sagte er.

Die Schülerinnen und Schüler winkten uns noch nach, bis wir abbiegen mussten und aus ihrem Blick verschwunden waren.

»Nette Klasse. Die fanden das gut«, sagte ich und knibbelte an dem Umschlag herum.

»Die fanden das nicht gut, die fanden das super!«, berichtigte mich Mandela.

Im Umschlag steckten fünf Fünfzig-Euro-Scheine.

»Das ist zu viel«, sagte ich, »das schicke ich zurück!«

»Spinnst du?« Mandela grabschte nach dem Geld. »Von den 50 Euro mehr kaufen wir Netze für unsere Tore!«

»Aber dann rufe ich den Lehrer an und sage ihm das. Vielleicht ist er damit einverstanden.«

Mandela grinste nur. Sie freute sich über das Geld. Solche Bedenken wie ich, Mister Nelson-Hasenfuß, kannte sie nicht.

Sie war wirklich so etwas wie eine Geheimwaffe.

Eine Stunde fast allein

Nicki strich am Borsigplatz herum. Er hatte mitbekommen, dass Mandela in eine Schule eingeladen worden war, und hatte auf die gemeinsame Fahrt nach Köln verzichtet. Ich ging in unsere Wohnung, um auf den Rest der Truppe zu warten. Nicki hatte einen lahmen Versuch gemacht und mich aufgefordert, mit ihnen zu kommen. Als ich ablehnte, sah ich in ihren Gesichtern keine Spur von Enttäuschung.

Und ich war froh, mal ein bisschen allein zu sein. Von morgens bis abends Leute um mich haben strengte mich an. In Bagamoyo genoss ich den ruhigen Morgen an den Sümpfen, wenn wir Futter für Papas Schlangen holten. Said störte mich nie! Er war da, wie eine Jacke, die man sowieso anhat.

Ein bisschen Heimweh beschlich mich, wenn ich an diese Morgen am Fluss und den Sümpfen dachte. Ich ging langsam die Treppe hinauf. Im Flur war es still, der Kühlschrank brummte leise. Ich wollte gerade in unserem Schlafzimmer verschwinden, da öffnete Lisa die Küchentür.

»Nelson, wie schön! Ein Stückchen Kuchen essen wir zusammen, woll? Hab ich gerade gebacken. Apfelkuchen. Das kennt ihr wohl nicht bei euch?«

Auch wenn ich mich gerade noch nach Alleinsein gesehnt hatte, war ich doch froh über die Einladung. Komisch.

Auf dem Tisch stand ein wunderschöner Kuchen. Ich langte zu, Lisa machte mir einen Kakao, sie trank Kaffee und rauchte eine Zigarette. Wir saßen uns am Tisch gegenüber, im Radio leise Musik, das Fenster stand offen.

»Erzähl mal! Wie war denn euer Auftritt in der Schule?«

»Ehrlich gesagt: Es lief irgendwie toll. Die haben zwei Stunden zugehört. Wir mussten gar kein großes Fass aufmachen und haben einfach erzählt, wie wir so leben. So aus dem Alltag, den Mist, den wir so anstellen manchmal, von unserer Mannschaft, dem Hafen, von den Nachbarn, den Freunden und so.«

»Würde mich wundern, wenn die nicht auch was von Elefanten und Löwen hören wollten.«

Ich musste lachen.

»Du, wir haben denen erzählt, dass wir noch nie Elefanten oder Löwen gesehen haben. Das wollten sie nicht glauben. Die kannten unsere Tiere alle aus dem Zoo.«

»Weißt du, Nelson: Wenn man hier von Afrika hört, dann immer von den Tieren, vielleicht noch von Krieg und Hunger. Viel mehr weiß ich auch nicht, ehrlich gesagt. Im Fernsehen bringen sie oft etwas aus der Serengeti, oder wie das bei euch da heißt.«

»In der Serengeti war ich auch noch nicht. Das ist was für Touristen mit Geld. Wie soll ich denn da hinkommen? Ich muss morgens arbeiten, dann die Schule und Training und so.«

»Ich finde es gut, dass ihr ihnen nichts davon erzählt habt. Bevor ihr fahrt, will ich auch etwas mehr von eurem Alltag erfahren. Meinst du, ich kann abends mal mitkommen, vielleicht morgen nach dem Spiel?«

»Aber klar! Das wäre uns eine Ehre, Mama Lisa!«

»Ich finde es schön, wenn ihr mich Mama Lisa nennt.«

»Es gab in der Schule noch eine komische Szene, Mama Lisa. Ich sollte der Klasse meinen Lieblingswitz erzählen und fing schon an: ›Kommt ein Nashorn in einen Supermarkt …‹, da fiel mir ein, dass man den nur in Kisuahili erzählen kann. Es funktioniert einfach nicht auf Englisch. Also unterbrach ich und sagte ihnen das. Da baten mich alle, ich solle ihn trotzdem erzählen, auf Kisuahili. Das habe ich dann gemacht. Am Schluss waren sie ganz aus dem Häuschen vor Lachen. So dass ein Lehrer aus dem Nebenraum kam und fragte, was hier los sei.«

»Sicher wegen der Art, wie du ihn erzählt hast«, sagte Lisa.

»Kann schon sein«, sagte ich bescheiden. »Mandela hat dann mit ihren Witzen losgelegt, da war sie in ihrem Element.«

»Deine Schwester kenne ich auch noch nicht so richtig. Sie soll ja eine tolle Tänzerin sein. Wölfchen schwärmt richtig von ihr.«

»Nicht nur Wölfchen.« Ich lachte – und dachte mir meinen Teil.

»Wie schmeckt dir der Kuchen?«

»Das ist der beste Kuchen meines Lebens!« Das meinte ich ernst.

Wir quatschten sicher noch gut eine Stunde, und ich erzählte ihr einfach, was mir so von zu Hause einfiel. Sie wollte noch viel mehr wissen. Ob wir eine Waschmaschine hätten, ob wir Schulgeld bezahlen mussten, ob unsere Eltern uns prügeln, ob meine Mama arbeiten geht. Dann erzählte ich ihr, wie wir die Probleme gelöst haben, um die Reise machen zu können. Wie Sosovele richtig Geld hingelegt hat, für Fußballschuhe, Pässe und Visa. Weil er nicht wollte, dass wir hier wie Bettler auftreten.

»Manchmal können Reiche auch anständig sein«, sagte sie und schob mir noch ein Stück Kuchen auf den Teller. Wir hatten es richtig gemütlich in dieser Küche mit dem Apfelkuchen und Mama Lisa. Ein bisschen erinnerte sie mich an Helen von der *Traveller's Lodge*. Auch wenn sie ganz anders aussah.

»Ich zeig dir mal, wie Mandela so tanzt.«

Auf dem glatten Küchenboden ging das ganz gut. Ich legte ein paar Figuren hin, zwischendurch klatschte ich oder sang ein paar Worte, dann wieder Klatschen. Natürlich wollte ich nicht die Tanzkunst von Mandela zeigen, sondern meine eigene. Mama Lisa sah mit lachendem Gesicht zu.

»Das war toll! Kannst du auch tanzen wie die Leute hier? Ich zeig es dir.«

Sie stand auf, suchte einen Moment im Radio eine passende Musik, stellte sich vor mich hin.

»Du musst deinen rechten Arm um meine Hüfte legen, die linke in meine Hand. Und nun los, immer nach dem Rhythmus.«

Nicht lange, und ich hatte den Dreh raus und führte sie, wie ich es aus Kinofilmen kannte. So tanzten wir ungefähr fünf oder zehn Minuten. Da hörten wir, dass jemand an der Wohnungstür klingelte. Mandela kam mit Nicki und Jakob. Lisa setzte sofort Milch auf, um ihnen Kakao zu machen. Vom Kuchen war noch reichlich da. Kaum saßen sie am Tisch, klingelte es wieder an der Tür. Weil Lisa beschäftigt war, ging ich, um zu öffnen. Da standen Soner und Wölfchen und grinsten mich an.

»Ich will mal sehen, ob ihr euch auch gut benehmt bei meiner Mama«, feixte Wölfchen. »Haben deine Eltern sich über diese schwarze Horde beklagt, Soner?«

»Die wollen dauernd warm duschen. Und rennen wie bekloppt die Treppen rauf und runter. Haben die zu Hause nicht«, sagte Soner und linste in die Küche. »Da sitzen ja schon die Super-Dribbler Jakob und Nicki. Morgen großer Kampftag?«

»Jakob und ich wollen das Spiel unbedingt sehen«, erklärte Nicki. »Er und ich, wir spielen in der gleichen Mannschaft in Bornheim. So einen Torwart wie euren Yakobo könnten wir gut gebrauchen.«

»Kauft ihn doch, der ist jetzt noch billig!« Mandela legte eine künstliche Pause ein. »Der Preis für mich allerdings, da müsstet ihr schon tiefer in die Tasche greifen!« Es gab ein mächtiges Gelächter. Nicki wurde ein bisschen rot im Gesicht. Soner und Wölfchen hatten sich zu uns an den Tisch gesetzt und nahmen sich Kuchen. Die Stimmung war großartig. »Habt ihr einen vernünftigen Trainer in Bornheim, oder wie das heißt?«

»Der macht das ehrenamtlich. Einer der Lehrer, der ist ganz in Ordnung«, sagte Jakob. »Mist, dass ich damals nicht mit nach Afrika konnte.«

»Wenn dein Alter genug verdient, dann macht mal Urlaub bei uns. Vielleicht zusammen mit Nicki«, schlug Mandela vor.

»Mal sehen, ob ich meinen Papa rumkriegen kann.« Jakob grinste. »Und du, Nicki?«

»Wär nicht schlecht. Mein Großvater meint, Mandela und Nelson sollten noch ein paar Tage länger hierbleiben. Er lädt euch ein!«

»Hey! Das ist toll. Aber ich glaube, das geht nicht.« Mandela guckte ein bisschen betrübt, ich konnte mir denken, warum. Ich mischte mich ein.

»Das geht nicht, wir haben doch schon die Rückflüge gebucht. Außerdem: Wer soll für meinen Papa Futter für seine Schlangen besorgen? Das machen jetzt Freunde, aber sie rechnen damit, dass wir pünktlich zurückkommen.«

Lisa hätte ihre Frage, die jetzt kam, sicher nicht gestellt, wenn sie Nicki, Jakob, Soner und ihr Wölfchen für Milchbubis gehalten hätte.

»Die afrikanischen Jugendlichen sind irgendwie erwachsener als allgemein die Jungs und Mädchen hier. Woran liegt das?«

»Keine Ahnung!«, sagte Mandela. »Vielleicht weil wir weniger Freizeit haben, weniger Geld, strengere Eltern, mehr Arbeit?« Ihre kluge Antwort hinderte sie nicht daran, heimlich unter der Tischdecke Nickis Hand zu halten. Ich hatte nichts dagegen.

»Wenn man das wüsste«, sagte Lisa und schaufelte noch einmal Kuchen auf die Teller. »Meine Gäste jedenfalls sind wunderbar, gar kein Kindergarten. Und auch die Familie von Soner ist ganz begeistert. Das sind gute Freunde von uns.«

»Wenn Soner sich die Haare wachsen ließe, könnte er richtig gut aussehen!« Hanan und Hanifa standen plötzlich lachend in der Tür. Wir hatten ihr Kommen nicht gehört. Zum Glück fanden sich für sie noch zwei Stühle.

»Kommst du zu unserem Rap-Abend, Mama Lisa?«, fragte ich.

»Aber klar. Ich habe mir schon eine Karte besorgt. Das ist der Abend vor eurer Abreise?«

»Du kommst natürlich umsonst rein. Eltern und Geschwister von Soner natürlich auch«, sagte ich großspurig.

»Dann verschenke ich meine Karte an eine Freundin. Wirklich schade, dass ihr schon wieder abreisen müsst.«

»Finde ich auch«, sagte ich. Den anderen ging es ähnlich wie mir, das sah ich an ihren Gesichtern.

Ich stand auf und ging unter einem Vorwand in unser Schlafzimmer. Ich wollte meine Gefühle nicht vor den anderen zeigen. Mir ging durch den Kopf, dass ich ein ziemlich wirrer Typ war: Erst die Angst vor der Schulstunde in Ahlen, dann die Sehnsucht nach Alleinsein, Heimweh nach den Sümpfen zu Hause, Gedanken an die blonde Helen, Spaß mit Lisa beim Kuchenessen, bescheiden tun und zugleich den Angeber beim Tanzen spielen. Und das alles in einer Stunde.

Was sollte eigentlich aus mir werden? Ich war bisher immer der total gelassene Nelson gewesen, der alles im Griff hatte! Ich dachte an Nicki und Jakob. Wenn wir ein bisschen mehr Zeit miteinander hätten, könnte man mit denen sicher auch über solche Sachen sprechen, die mich verwirrten. Die beiden waren mir schon ans Herz gewachsen, und das nicht wegen ihrer Leistungen auf dem Platz! Das galt auch für Soner und Wölfchen. Schade, dass wir bei diesem Besuch in ihrem Land nicht mehr Zeit hatten, uns besser kennenzulernen. Wie schön wäre es, sie und die anderen wiederzusehen.

Das Poltern auf der Treppe unterbrach meine Gedanken. Der Rest unserer Leute kehrte aus Köln zurück, mit Plastiktüten bewaffnet. Sie breiteten ihre Einkäufe auf dem Küchentisch aus. War ein ziemlicher Schund dabei, aber das musste jeder selbst wissen. Hoffentlich war niemand beim Klauen erwischt worden. Aber ich war ja hier nicht der Oberpolizist und hatte sowieso anderes im Kopf.

Sam Njuma als Rumpelstilzchen

»Wir haben noch Zeit. Wollt ihr mal 'nen Blick in das große Stadion werfen?« Wir guckten uns um. Welches meinte Willi?

»Hier nebenan, da, wo die acht großen Bogen in den Himmel ragen, da machen sie die Spiele der 1. Liga, passen 80.000 Leute rein.«

Wir hatten nicht mitgekriegt, dass neben der Kampfbahn *Rote Erde*, wo wir trainiert hatten, noch ein Stadion stand. Wir hatten das für eine Fabrik gehalten. Willi führte uns durch die Gänge, und dann standen wir auf dem Rasen, rundherum Tausende Sitzplätze, bis hoch in den Himmel.

»Das gibt's gar nicht!«, murmelte Mandela und krallte sich an meinem Arm fest. »Da hätte ich Angst …« Mir ging es ähnlich.

»Euer Spiel hätten wir hier machen können, aber bei Jugendspielen kriegen wir das nicht voll. Wenn die Borussia-Jugend spielt, dann immer auf *Rote Erde* da gegenüber.«

Auch die anderen Spieler hatten einen Schreck bekommen. Ein solches Ungetüm von Stadion hatten wir vielleicht mal im Fernsehen gesehen. Hier unten zu stehen und sich vorzustellen, hier zu spielen, alles voller Leute, war noch was anderes.

Von den Gegnern kannten wir nur die, die am ersten Abend mit uns im Restaurant gewesen waren. Sie bezogen die Umkleideräume gegenüber. Levent vom Fanclub Borussia Dortmund International und Lars, der Jugendtrainer der Gegner, kamen, um uns zu begrüßen.

»Sie heißt Elke«, flüsterte mir Mirambo verlegen zu, als wir auf den Platz liefen. Ich wusste zuerst nicht, wen er meinte. Dann sah ich das große blonde Mädchen gleich am Eingang. Immer-hin hatte der schüchterne Mirambo ihren Namen herausbekommen.

Ich hatte keinen Gedanken daran verschwendet, ob überhaupt Publikum kommen würde.

»Sicher achttausend bisher«, sagte Willi, der uns bis zur Mitte des Spielfeldes begleitete und uns das Schiedsrichter-Gespann vorstellte. Deren Namen habe ich, ehrlich gesagt, nicht behalten. Während wir die Seiten auslosten und die Gegner durch Handschlag begrüßten, ertönte doch tatsächlich aus dem Lautsprecher die tansanische Nationalhymne. Sofort blieben wir stehen und jeder legte seine rechte Hand aufs Herz. Die deutschen Spieler, unter ihnen fünf mit unserer Hautfarbe, machten es uns nach. Dann applaudierte das Publikum begeistert, und wir liefen auf unsere Plätze. Plötzlich verstummte der Lärm im Publikum. Ich blickte mich um, konnte zuerst den Grund nicht erkennen. Hier und da Gelächter, dann Applaus. Da kam noch eine Gruppe von

Leuten: mindestens fünfzig schwarz gekleidete Männer und Frauen im Gänsemarsch. An ihrer Spitze Pater Jonathan.

Er winkte heiter zu uns herüber und wir winkten zurück. Später erfuhr ich, dass er den Nonnen und Mönchen in Dortmund von Bagamoyo und unserem Verein erzählt hatte. Jetzt waren sie hier, um uns zu unterstützen. Sie suchten sich Plätze in einer Reihe hinter unserem Tor, um Yakobo und seine Leistungen zu bewundern. Wahrscheinlich hatte Pater Jonathan wieder fleißig für unseren Sieg gebetet. Und vielleicht sogar das ganze Kloster dazu angestiftet.

Ich war heiß auf das Spiel! Der ganzen Mannschaft ging es so. Bevor der Anstoß erfolgte, sah ich mich um. In den ersten Reihen erkannte ich Nickis Großvater, Elke stand da mit einer kleinen tansanischen Flagge in der Hand, Mama Lisa, Willi neben ihr. Und womit ich nicht gerechnet hatte: Eine ganze Menge der Spieler war gekommen, gegen die wir zwei Tage vorher angetreten waren. Ich erkannte Nicki, Jakob, Olaf, Kongo-Otto, Asaf, Soner und noch ein paar andere. Ich war ziemlich sicher, dass sie für uns klatschen würden.

Sosovele, Sam und Nkwabi saßen mit unseren beiden Ersatzspielern auf der Trainerbank. Nkwabi ganz aufgeregt, Sosovele eher geschäftsmäßig. Sam Njuma hatte sich das Trikot in den Farben Tansanias angezogen, es reichte bis zur Erde. Er blickte mit verbissen-zornigem Gesicht zu uns herüber, als wollte er uns Prügel androhen für den Fall, dass wir Mist bauen würden.

Wir legten mit Power los! In den ersten fünf Minuten kamen die Gegner kaum an den Ball. Unsere Pässe und Ballannahmen klappten perfekt, und alle Aufregung fiel von mir ab. Ich sah zu Mandela hinüber, sie machte das V-Zeichen und grinste. Nach vielleicht sechs oder sieben Minuten gelang eine wunderbare Kombination, eingeleitet von Hanan über rechts zu Kassim, der sofort weiter zu mir und ich spurtete los, den Blick auf eine Anspielmöglichkeit. Sofort waren zwei Gegenspieler da, ich wühlte mich durch und gab den Ball scharf in die Mitte, Mirambo vor die Füße, er erwischte ihn, drehte sich und schoss durch die Reihen.

Es stand 1:0 für uns.

Mit einem so schnellen Tor hatte ich nicht gerechnet! Der gegnerische Trainer gestikulierte wild und schrie etwas über den Platz. Sam Njuma war aufgesprungen, stieß eine Faust wild in die Luft und warf einen höhnischen Blick zur gegnerischen Trainerbank.

Ob du es glaubst oder nicht: Auch hier wurde jeder schöne Spielzug mit Applaus bedacht, jedes Tor begeistert bejubelt, egal auf welcher Seite es stattfand.

Es blieb ein schnelles Spiel, auf beiden Seiten. Die Angriffe der Gegner waren selbst für mich sehenswert. Das waren gut trainierte Jungs! Und schnell! Wir durften nicht hoffen, das Tor wäre schon das Siegtor. Aber wir hatten unser Pulver noch nicht verschossen, wie man so sagt. Ich war fast sicher, dass sich Mandela und Said wieder etwas einfallen lassen würden. Kaum hatte ich das gedacht, ging meine Schwester mit über die Mittellinie, umspielte zwei, drei Gegner und schob den Ball zu Said, der ganz links stand. Er dribbelte ab in die Mitte, mit einer Körpertäuschung verschaffte er sich Platz – und schoss! Direkt in den oberen Winkel. Der Torwart flog durch die Luft und hob mit den Fingerspitzen den Ball über die Latte. Ecke.

Das hätte eigentlich ein Tor sein müssen! Kassim trat die Ecke, sie kam hoch rein, Mirambo stieg über seine Bewacher weg und nickte den Ball ins untere Eck. Aber der Torwart erwischte ihn mit einem riesigen Hechtsprung.

Auch das hätte ein Tor sein müssen.

Der Gegner war gewarnt! Und ihr Torwart war klasse. Leider!

Ich bekam noch mit, dass sich Said ohne Ball ganz vorne bewegte, seine Bewacher immer in der Nähe; seine Gefährlichkeit hatte sich wohl herumgesprochen. Der Pass kam von Hanifa, und er stürmte los, ohne sich umzusehen, als hätte er Augen im Hinterkopf. Mit der Fußspitze bekam er vor den Gegnern den Ball zu fassen, und schnipselte ihr direkt flach ins Tor. Da war nichts zu halten.

2:0 stand es, für uns.

Sam war ganz aus dem Häuschen, wie Rumpelstilzchen aus dem Märchen tanzte er am Spielfeldrand. Sosovele blieb ganz ruhig, er unterhielt sich mit dem Trainer der Dortmunder. So als wären sie alte Kumpel.

Was für ein tolles Publikum! Es gab sogar ein Pfeifkonzert, als Mandela die Gelbe Karte sah! Völlig zu Recht, sie hatte einen schnellen Gegner an der Mittellinie niedergemacht! Wir hielten meine erregte Schwester davon ab, dem Schiedsrichter an die Gurgel zu gehen. Wenn du meinst, unsere Sorge sei übertrieben, irrst du dich gewaltig. Wir hatten da so unsere Erfahrungen …

Ich sah mich um, als wir zur Halbzeitpause vom Platz gingen.

Sicher waren eine Menge Schulklassen gekommen, aber die

meisten Besucher waren Erwachsene. Ganze Familien mit Kindern waren da. Eine Bombenstimmung. Ich sah zwei Fernsehkameras und eine Menge Fotografen. Willi hatte in puncto Werbung ganze Arbeit geleistet. Auf dem Weg in die Kabine hob ich einen Zettel vom Boden auf. Da war unsere Rap-Gruppe abgebildet, offensichtlich eine Einladung für den nächsten Abend. Ich hatte das ganz aus den Augen verloren. Ich konnte den Text nicht verstehen, aber eines war klar: Alle hier im Stadion hatten den Zettel gekriegt. Vielleicht kam ja jemand.

Eigentlich hätte ich mir inzwischen angewöhnen können, die Dinge optimistischer zu sehen. War es denn meine Verantwortung, ob das Rap-Fest ein Erfolg würde?

Aber keiner kann aus seiner Haut, wie Mama immer sagt.

In der zweiten Halbzeit erhöhten beide Mannschaften das Tempo. Wir waren versucht, uns hinten reinzustellen, um den Vorsprung zu sichern. Sosovele hatte in der Kabine genau das Gegenteil gefordert.

»Das ist euer letztes Spiel hier, vergesst das nicht! Wir wollen einen guten Eindruck hinterlassen! Also, Nelson, Guido, Mandela, Hanan, Mirambo, legt noch einen Schlag zu! Euch ausruhen könnt ihr, wenn ihr alt seid.«

Sicher hast du Verständnis dafür, dass ich mir die Namen der Gegenspieler nicht so schnell merken konnte. Deshalb macht es wenig Sinn, wenn ich dir ihre tollen Spielzüge beschreibe. Soll ich etwa schreiben: der Schwarze aus Kamerun? Der Blonde mit den großen Ohren? Der Dackel mit den krummen Beinen? Damit kannst du wenig anfangen.

Eine halbe Stunde vor Schluss wechselte Nkwabi, wie ange-kündigt, die Ersatzspieler ein.

»Die sollen ihre Chance kriegen. Damit sie zu Hause was zu erzählen haben!«

Außerdem brauchten Kassim und unser Spitzenmann Said dringend eine Pause. Said war fertig, das sah man ihm an.

Eine Viertelstunde lang schien es so, als würde unsere Abwehr zusammenbrechen; auch Mandela hatte sich ganz zurückge-zogen, weil die Angriffe immer dichter und gefährlicher wurden. Immer häufiger kamen die Gegner zu Torschüssen. Yakobo zeig-te sein ganzes Können. Das Publikum überhäufte seine Paraden mit Jubel, aber fünf Minuten vor Schluss stand es 2:3 gegen uns.

Würden wir auch hier eine Niederlage einstecken? Bei einem Einwurf gestand ich Mandela meine Sorge.

»Das fehlte noch!«, zischte sie. »Wir machen sie platt!« Sie sah mitgenommen aus, auch sie hatte sich verausgabt. Aber darauf nahm sie nie Rücksicht! Sie wühlte sich plötzlich durch alle Reihen, sah nicht nach rechts oder links, gab auch Mirambo nicht den Ball, der günstig stand, und dann donnerte sie ihn ins Eck. 3:3. Das hätte ein Messi nicht besser hingekriegt. Kurz darauf allerdings legte sie einen angreifenden Gegenspieler vor unse-rem Strafraum um. Notbremse, ganz klar. Die Rote Karte nahm sie ganz gelassen hin. Sosovele umarmte sie und klopfte ihr auf die Schulter. Sie hatte ein großes Spiel gezeigt. Jetzt pfiff das Publikum, auch wenn an der Schiedsrichterentscheidung nichts auszusetzen war. Ich sah Pater Jonathan toben, als wollte er den Teufel austreiben, ein paar der Nonnen hatten ihre Finger im Mund und pfiffen wie verrückt.

Ohne Mandela war für die Leute das Spiel weniger wert.

Ich bin ja nicht als Angeber bekannt, aber dann gelang mir ein Tor, von dem ich heute noch träume. Eine Traumkombination zwischen Hanan, Mirambo und mir, zwei, drei Mal durch die Reihen, dann landete der Ball wieder bei mir. Ich zog ab, schoss einem Gegner durch die Beine, so dass der Torwart chancenlos war. Und der Schuss war hart! Als der Mann im Tor ihn kommen sah, blieb er stehen wie ein Denkmal, sein Gesicht fassungslos. 4:3. Für uns!

Kurz danach kam der Abpfiff. Wir hatten knapp gewonnen. Gegen eine wunderbare Mannschaft. Wir umarmten uns, tauschten die Trikots. Schade eigentlich. Es hingen so viele Erinnerungen daran!

Schlimme Typen gibt es überall

Das Stadion leerte sich nur langsam. Immer wieder blieben Leute stehen und zogen uns Spieler oder unsere Gegner ins Gespräch. Viel Gelächter und Umarmungen überall. Ich bekam am Rande mit, dass Sosovele und Sam auf die obere Tribüne stiegen, um Kloppo zu begrüßen. Es summte immer noch wie in einem Bienenkorb. Überall wieselten Leute mit Fotoapparaten herum. Sam Njuma tauchte wieder auf, sein Gesicht voller Zuversicht. Das Gespräch mit Kloppo hatte ihn zufrieden gestellt, das konnte man sehen. Ich war gespannt darauf zu erfahren, was er und Sosovele mit dem Trainer beredet hatten.

Ich stand noch mit Levent, Willi und Nkwabi auf dem Rasen; eigentlich hätte ich schon unter der Dusche sein sollen. Wir vier hatten Interviews gegeben, alles andere bekam ich nur nebenbei mit.

Da traten zwei junge Männer in dunklen Anzügen, schwarz glänzenden Schuhen und Krawatte auf uns zu.

»Wir sind von der Presse. Können wir hier Deutsch reden?«, fragte der kleinere der beiden lächelnd.

»Besser Englisch, damit unsere Gäste alles verstehen«, gab Willi zurück. Ich sah an seinem Gesicht, dass er sich unwohl fühlte. Ob er die beiden kannte?

Das Englisch der beiden war nicht schlecht.

»Darf ich mal Ihre Presseausweise sehen?«, forderte Willi. Ich fand, das war nicht besonders höflich. Die beiden zogen Plastikkärtchen mit Fotos aus dem Anzug und hielten sie Willi hin. Der warf kurz einen Blick darauf. »Also stellen Sie Ihre Fragen«, sagte er unwillig. Wieder begann der kleinere von beiden.

»Dass diese Afros Fußball spielen können, haben wir gesehen und werden gern darüber berichten. Doch! Ganz toll, bewegen sich wie Gazellen! Wir haben nur zwei, drei Fragen: Die haben die Reise hierher doch sicher selbst bezahlt, oder? Oder hat Herr Levent das Geld in der Türkei eingesammelt?« Beide lachten, ich fand sie unangenehm.

»Stellt die nächste Frage.« Willis Gesicht wurde sehr unfreundlich und noch roter.

»Stimmt es, dass Schulklassen hierherkommen mussten? Ohne Eintritt zu zahlen!? Auf Anordnung der Schulleitungen? Damit überhaupt jemand kommt?«

Da drängte sich Tante Käthe, die Platzwartin, in den Kreis und giftete los: »Willi, kennst du diese Typen nicht? Die hätten man längst Platzverbot kriegen sollen. Ich werd das noch mal mit denen oben besprechen. Die haben zwar schöne Klamotten an, sind aber so braun wie Scheiße!«

Die beiden lächelten höhnisch.

»Nehmen Sie sich in Acht, gute Frau! Wir leben in einer Demokratie! Haben Sie das vergessen?«, säuselte der Kleine. »Wir haben jedes Recht, auf öffentlichen Plätzen zu arbeiten. Wenn hier öffentliche Gelder für eine Truppe Bimbos verschwendet werden, sollte das die Öffentlichkeit auch erfahren.«

Levent und Nkwabi kochten vor Wut.

»Kommt!«, sagte Willi. »Ich wusste nicht, was das für Typen sind. Tut mir leid.«

»Die kommen heute nicht mehr in SA-Uniform, sondern geschniegelt wie Vertreter für Kosmetikartikel«, sagte Levent. »Und schleichen sich überall ein. Ich hätte dich warnen müssen, Willi.«

»Ich schäme mich nur wegen unserer Freunde aus Afrika«, sagte Willi.

Vielleicht hatte auch Mama Lisa, die ich jetzt erst entdeckte, einiges mitbekommen. Sie legte ihren Arm um meine Schulter.

»Bekloppte gibt es überall«, beruhigte ich sie, weil ich sah, dass sie sich auch schämte.

»Es tut mir leid, dass du so etwas mitkriegst. Wir sehen uns gleich im *Diwan*. Ich fahre mit meiner Freundin schon vor, ich halte dir einen Platz frei, wenn du willst.«

Der *Diwan* war rappelvoll. Irgendwann nach dem Essen schob die türkische Bedienung einige Tische beiseite. Wir wollten für den Rap-Abend Werbung machen. Die sechs tanzten eines der Stücke, ohne die CD dabeizuhaben. Wir begleiteten sie mit Klatschen, Stampfen und passenden Trillern. Von dem Applaus flogen fast die Scheiben aus dem Fensterrahmen.

Mandela wäre nicht Mandela, wenn sie nicht anschließend ein Solo gezeigt hätte. Sie winkte mir, zu kommen, aber ich war nicht in der Stimmung.

Soner und Hanan sah ich nicht mehr. Nicki stand an der Tür, bis Mandela mit ihrer Einlage fertig war.

»Ich muss mal Luft schnappen«, sagte sie, als sie an unserem Tisch vorbeikam. So kann man es auch nennen! Dann sah ich sie und Nicki eine Stunde lang nicht wieder.

Pater Jonathan tauchte später auf, leider ohne seine Nonnen und Mönche. So wie er guckte, hatte er mit seinem Anhang noch einen gebechert. Er setzte sich uns gegenüber auf einen freien Platz.

»Mister Nelson, ich fliege nicht mit euch zurück. Muss noch nach Rostock, meinen alten Freund Pater Henschel besuchen. Wir wollen uns gemeinsam ein Spiel von Hansa Rostock ansehen. Das musste ich ihm versprechen. Die sind leider gerade abgestiegen!«

Dann verzog er sich an den Tresen.

»Warum hat er euch eigentlich begleitet. Etwa als Seelsorger?«, wollte Lisa wissen.

»Er sollte für uns übersetzen. Und er hat uns eine Menge Tipps gegeben, wie man sich hier bei euch so benimmt. Aber die Tage waren so hektisch, da haben wir ihn aus den Augen verloren. Es lief ja auch so alles ganz gut.«

»Netter Kerl«, sagte sie.

Tanzania-Rap in der Brauerei

Im großen Saal einer Bierbrauerei würde das Rap-Konzert stattfinden. Die Ankündigung dazu hatte, wie Sosovele mir sagte, in allen Zeitungen gestanden.

Lisa, ich, Mandela und Kassim waren am Nachmittag vorher in die Stadt gegangen. Ich hatte noch keine Idee, was wir für unsere Eltern kaufen sollten. Zum Glück war Lisa eine tolle Ratgeberin. Für unsere Mutter kauften wir Satteltaschen für ihr Fahrrad. Die würde sie gut gebrauchen können, wenn sie auf den Markt zum Einkaufen fuhr. Für Papa fanden wir einen tollen Kasten mit Werkzeug. Ich hatte gedacht, Mandela würde sofort in die nächsten Boutiquen stürmen, aber sie war an dem Tag sehr zurückhaltend, sogar ein bisschen traurig, hatte ich den Eindruck.

»Ist was?«, fragte ich vorsichtig, obwohl ich da schon eine Ahnung hatte.

»Das Leben geht weiter« sagte sie nur und wandte sich ab.

Wir brachten die Einkäufe in die Wohnung. Lisa zog sich Jeans an und eine leichte Bluse. Auch Mandela zog sich um, schwarze

Hose und eine Bluse ganz in Gelb. Richtig gut sah meine Schwester aus

»Die anderen fünf kommen genauso«, sagte sie, »schwarz und gelb, gelb und schwarz. Das kommt hier gut an!«

»Vergiss die CD nicht«, mahnte ich. Sie raste noch einmal die Stufen hoch und kam mit der Scheibe zurück.

Als wir ankamen, stand vor dem Eingang eine Traube von Menschen, die hineinwollten. Drinnen summte es gewaltig, Stimmen und Gelächter. Ich hatte schon in der Wohnung mitgekriegt, dass Mandela aufgeregt war. Sie ließ sich aber nichts anmerken. Ich wollte gerade abdrehen und mir einen Platz im Publikum suchen. Sie hielt mich zurück.

»Ihr stellt euch im Halbkreis auf die Bühne. Kannst du das organisieren?«

»Das hättest du mir auch früher sagen können«, fauchte ich sie an. Sie grinste nur.

»Du machst das schon, Bruderherz!«

Hinter der Bühne war ein Raum für die Künstler. Dahin verschwand sie, und ich hatte die wunderbare Aufgabe, die Mannschaft zusammenzurufen. Es war kein Durchkommen, alles war voller Menschen, meist junge Leute. Wie sollte ich unsere Spieler finden?

»Da oben ist ein Mikro«, sagte Sosovele. »Damit hast du doch Erfahrung!«

Ich stieg auf die Bühne und gab auf Kisuahili meine Ansprache an meine Mannschaft durch. Ich machte das ein bisschen launig, bewegte mich wie ein Clown. Das Publikum applaudierte, sie hielten das für die Eröffnung des Programms. Nach und nach kamen sie hoch: Mirambo, Guido, Said, Wilson und die anderen. Ich erklärte ihnen, was von uns erwartet wurde, und guckte auf die Uhr. Fünf Minuten nach 19 Uhr. Die Bude war rappelvoll.

Da donnerte auch schon die Musik los, unsere sechs Rapper kamen auf die Bühne. Ganz langsam, im Wiegeschritt, als langweilten sie sich. Aber blitzschnell änderte sich alles: Sie legten los, ohne Pause ging das mehr als eine Stunde lang. Ein Stück ging in das andere über, sie wechselten ihre Positionen, dass einem schwindelig werden konnte. So schnell konnte keiner gucken. Da bewegte sich Kassim wie ein Boxer in der Mitte, Mandela und Guido steppten rechts und links von ihm wie die Weltmeister. Wir im Hintergrund als lebende Kulisse. Das Publikum ging sagenhaft mit. In dem Gewühle von Menschen sah ich eine Menge Afrikaner. Als unsere sechs Rapper das kleine Spottlied auf unsere Deutschlandreise anstimmten und Kassim mit Mandela wie vornehmer Herr und vornehme Dame über die Bühne steppten, deutsche Touristen nachmachten, wie sie sich so bei uns benahmen, waren alle ganz aus dem Häuschen.

He, he! Die sind aber ziemlich schwarz.

He, he! Die sind aber schrecklich schwarz,

sangen sie auf Englisch mit spitzen Stimmen und fielen dann wieder gekonnt ins Kisuahili. Möglicherweise verstanden einige aus dem Publikum sogar den kompletten Text. Was ich nicht unbedingt für wünschenswert hielt.

Draußen war es zwar kühler geworden: Hier im Saal schien es

zu kochen. Den sechs Rappern klebten die Hemden an den Körpern, man sah, dass sie voll bei der Sache waren.

Ich hatte ihr Programm vor der Reise nur teilweise mitbekommen. Sie hatten richtig gut daran gearbeitet. Klar wäre ich gern dabei gewesen, aber als Führungsspieler muss man manchmal Opfer bringen.

Nach der Vorstellung saßen wir mit deutschen, türkischen und afrikanischen Jugendlichen noch lange zusammen auf der Straße und quatschten. Lisa mittendrin, wie eine von uns. Und der Großvater von Nicki auch. Es war einfach eine Superstimmung. Der Abend war, wie Willi mir sagte, ein voller Erfolg.

»Toller Auftritt! Ich bin ganz stolz auf euch«, sagte er in seiner Art. »Die Fanclubs sind fast alle gekommen. Leute standen bis auf die Straße!«

Ich hatte Hussein und Nkwabi aus den Augen verloren. Da sah ich sie aus einer Frittenbude kommen und auf uns zusteuern.

»Nelson, morgen Abend ist Abmarsch! Um neun Uhr will ich euch noch einmal alle sehen, zusammen mit Willi und dem Pater«, sagte Hussein.

»Wo?«, fragte ich, ein bisschen sauer, dass er uns an die Abreise erinnerte.

»Da ist doch gleich nebenan ein Freundschaftsheim, an dem kleinen Platz in eurer Straße. Da können wir rein, habe ich organisiert«, sagte Willi. »Gleich fährt die letzte Straßenbahn. Ich denke mal, ihr müsst euch auf die Socken machen.«

Lisa hakte sich bei mir ein und wir machten uns auf den Weg.

Sam Njumas Lebensplanung

Ich war gespannt, was unsere beiden Trainer und Willi mit uns zu bereden hatten. Mit Training war erst wieder in Bagamoyo zu rechnen. Hier ging unsere Zeit zu Ende.

Auf den Fluren des Freundschaftsheims wieselten eine Menge Leute aller Hautfarben herum, eine dicke Inderin führte das Kommando. Da wurden Kartons geschleppt, Tische abgewischt, Gläser aufgestellt, Getränkekästen gewuchtet. Ich hatte keine Ahnung, was man unter einem Freundschaftsheim versteht.

Als wir dreizehn Spieler, Willi und unsere Trainer an den Tischen saßen, ging noch einmal die Tür auf. Pater Jonathan steckte seinen Kopf herein.

»Bin ich hier richtig?«

»Komm rein, Jonathan. Und mach die Tür hinter dir zu!«

Hoffentlich dauert es nicht so lang, dachte ich. Ich wollte mit Lisa noch einmal in die Innenstadt.

Hussein Sosovele setzte sich an die Fensterseite, direkt neben eine grüne Schultafel, und legte seine Schuhe auf den Tisch. Den kleinen Sam Njuma hatte er wohl im Hotel gelassen.

»Was wir hier bereden, bleibt unter uns! Das geht niemanden etwas an!« Jetzt nahm er doch die Füße vom Tisch. »Gestern habe ich mal Kasse gemacht, Sportsfreunde! Willi hat mir dabei geholfen. Da ist ein bisschen Geld reingekommen, in Ahlen, hier auf *Rote Erde* und gestern Abend. Wenn ich meine Auslagen für Schuhe, Pässe und all den Kram abziehe, bleiben ein paar Tausend übrig.«

»Schilling?«, fragte Kassim.

»Euro, du Blödmann! Wir sind hier in Deutschland. Da wollen wir nicht immer nur von Demokratie reden, sondern gemeinsam entscheiden, was wir mit dem Geld machen. Schließlich habt ihr das Geld verdient.«

Was meinte er damit? Wollte er das Geld unter uns Spielern aufteilen? Es herrschte Schweigen im Raum. Mirambo fummelte mit seinen Zigaretten herum, aber ein Blick von Nkwabi genügte und er steckte sie wieder ein. Hussein nahm ein Stück Kreide in die Hand und stand auf.

»Jetzt kann jeder Vorschläge machen, ich schreibe alles auf. Dann stimmen wir ab. Denkt daran, dass unser Verein ›Saadani Social Club‹ heißt. Das erwähne ich nur so nebenbei.«

Wieder Schweigen, Hussein guckte ganz geduldig in die Runde. Mir gingen eine Menge Dinge gleichzeitig durch den Kopf. Ich versuchte, sie zu ordnen, aber das war gar nicht so einfach. Ich wünschte, ich hätte mehr Zeit, darüber nachzudenken.

»Den Platz in Bagamoyo in Ordnung bringen«, sagte Mandela. »Netze für das Tor und so.«

Hussein schrieb kommentarlos Punkt 1 an die Tafel.

»Das Clubhaus am Platz endlich zu Ende bauen«, schlug Kassim vor.

»Wie wäre es mit einem Laden für Fan-Artikel?« Der Vorschlag von Yakobo verursachte Gelächter.

»Einen Vereinsbus kaufen, für Auswärtsspiele«, sagte Guido. Es gab noch einmal Gelächter. Dafür würde das Geld sicher nicht reichen.

Hussein hatte alles ohne Kommentar notiert.

Dann trat wieder eine große Pause ein. Da meldete sich Said.

»Wir sollten sehen, dass Mister Mirambo aus seinem Drecksloch rauskommt. Und ein bisschen Kohle hat zum Leben.«

Ich fand den Vorschlag gut. Aber mir selbst fiel nichts ein, ich fühlte mich mal wieder überfordert. Ich war versucht, Pater Jonathan um seine Meinung zu fragen. Aber der würde vielleicht alles für seine Mission haben wollen. Man weiß doch, wie diese Priester sind! In dem Augenblick meldete er sich zu Wort.

»Ich bin zwar kein Spieler, und das Geld solltet ihr verwenden. Aber wenn ich einen Vorschlag machen dürfte …«

Sosovele nickte. »Lass hören, Pater!«

»Ich weiß zwar nicht, wie viel da zusammengekommen ist. Es wäre aber nicht gut, alles sofort auszugeben.« Er machte eine Pause, überlegte. »Wie wäre es, wenn jeder Spieler eine Summe bekommt, sagen wir 100 Euro. Für seine Familie, die ja auf die Arbeitskraft verzichten musste in der Zeit. Den Rest bunkert ihr auf ein Konto, als Vereinskasse. Wenn was anliegt, beratet ihr das und entscheidet. Wenn Mirambo jetzt Geld braucht, dann kann er es sofort bekommen.«

»Um ihn kümmere ich mich«, sagte Nkwabi.

»Mit einem gefüllten Konto habt ihr auch immer das Fahrgeld für Auswärtsspiele und müsst nicht per Anhalter fahren.«

Was er da gesagt hatte, fand ich sehr klug. Ich war gespannt, wie Sosovele reagierte. Vielleicht würde er Aktien kaufen wollen, spekulieren, damit das Geld mehr und mehr würde. Ich hatte mich getäuscht. Als keine Wortmeldungen mehr kamen, sagte er:

»Ich habe es ja immer schon geahnt, jetzt weiß ich es. Die Weißen sind doch nicht dümmer als wir!«

Alle guckten auf den Pater. Es setzte ein Gelächter ein, das uns aus allen Grübeleien riss. Jonathan wurde unter seinem grauen Bart richtig rot. Aber Sosovele hob eine Hand.

»Moment noch. Willi hat das alles eingefädelt. Er sagt: Wir wollen nix. Ich bin aber dafür, dass wir zehn Prozent an den Fanclub BVB International für seine Sozialprojekte geben. Was meint ihr?«

Wir waren sofort einverstanden. Willi wehrte zwar ab, aber gegen eine einstimmige Entscheidung konnte er nichts machen. Er ließ eine Runde Getränke kommen. Dann stand er auf und hielt eine feierliche Ansprache.

»Mit eurer ganzen Art, mit eurem Optimismus und guter Laune, mit dem Rap-Abend, mit zwei tollen Spielen habt ihr hier viele Herzen gewonnen. Und Afrika wirklich alle Ehre gemacht! Und Sam Njuma werden wir so schnell nicht vergessen! Der wird mal ein ganz Großer, und ihr seid das eigentlich jetzt schon.«

Dann setzte er sich. Ich hätte heulen können, so ergriffen war ich. Aber das wollte ich mir und den anderen nicht antun. Musste ich als Spielführer jetzt noch was sagen? Das hätte mich glatt überfordert. Ich stand einfach auf und ging wortlos vor die Tür auf die Straße.

Draußen stand Sam ganz allein und klapperte mit seinen Fußballschuhen auf dem Pflaster. Jetzt war die Gelegenheit gekommen, ihn nach seinem Gespräch mit dem Borussia-Trainer zu fragen.

»Sag mal, Sam. Du hast doch mit Kloppo geredet. Was hat er denn so gesagt?«

»Er meinte, für seine Mannschaft hätte ich noch zu wenig Spielpraxis. Ich sollte mich bei ihm unbedingt in zehn Jahren melden. Dann würde er weitersehen, auf welcher Position er mich brauchen kann.«

»Und, machst du das?«, fragte ich.

Sam überlegte, kickte eine Blechbüchse in den Rinnstein. Er zog eine Visitenkarte aus seiner Hemdtasche und zeigte sie mir, ohne sie aus der Hand zu geben: Jürgen Klopp, Borussia Dortmund (BVB).

»Ehrlich gesagt: Das mit der Spielpraxis, da kann er Recht haben. Er will ja nicht die Katze im Sack kaufen. Wenn sich sonst keine interessanten Vereine melden, dann kann er mit mir rechnen.« Er zog ein Taschentuch aus seiner Hosentasche und schnäuzte sich die Nase. Das zumindest hatte er auf dieser Reise gelernt.

»Freust du dich auf zu Hause, Sam?«

Er steckte sein Taschentuch umständlich ein. »Sicher! Hoffentlich machen die da drin gleich Schluss. Ich will mir noch Turnschuhe kaufen. Ich kann ja nicht überall mit diesen harten Kloppern rumlaufen. Pater Jonathan verwaltet meine zwanzig

Euro. Vielleicht geht der Pater mit und hilft mir, sprachlich gesehen. Obwohl mein Englisch sich schon sehen lassen kann. Hat auch Kloppo gesagt!«

In dem Augenblick kamen die anderen aus dem Freundschaftsheim. Sie schwärmten in alle Richtungen aus, um noch die letzten Besorgungen zu machen. Und dann ihre Klamotten zu packen. Ich zog mit Lisa, Said und Mandela los. Wir gingen zu Fuß, mir war nach Bewegung. Wir wollten zusammen ein italienisches Eis in der Innenstadt essen. Dazu waren wir bisher noch nicht mal gekommen.

Lisa kannte die beste Eisdiele weit und breit. Als wir näher kamen, saßen da schon Pater Jonathan und Sam Njuma unter einem Sonnenschirm. Jeder mit einem großen Eisbecher vor sich. Und Sams Füße steckten in neuen Turnschuhen.

Irgendwie waren wir schon unterwegs nach Hause.

»YES, SiR! «

Vom Abschied erzähle ich besser nichts! Wie das war, kann sich jeder selbst denken, der Hanan und Soner, Nicki und Mandela und die anderen erlebt hat. Ich versuchte, wegzusehen und cool zu bleiben und presste die neue Sporttasche an meine Brust.

Als wir in den Bus zum Flughafen stiegen und ich noch einmal aus dem Fenster sah, wurde mir klar, woher meine eigene Verwirrung kam, dieser unbekannte Schmerz: Ich kannte solche Abschiede bisher nicht! Man hat Leute gern und sieht sie wahrscheinlich nie im Leben wieder. Man steckt sich Adressen zu, verspricht zu schreiben. Aber ich ahnte schon, dass das auf Dauer nicht ging. Das macht einen fertig!

Wenn man sich dann nicht zusammenreißt, könnte man durchdrehen. Mich rettete ein bisschen, dass Mama Lisa mir sagte: »Du bist bei uns jederzeit willkommen, mein lieber Nelson!«

Mir half auch, dass ich an zu Hause dachte: Wie es sein würde, wenn wir in Bagamoyo eintrafen. Mit den Eltern am Frühstückstisch, Mandela noch vor dem Spiegel, wie immer. Mit Said wieder früh am Morgen in die Sümpfe aufbrechen, um Frösche und Mungos zu fangen. Mir vorstellen, wie gut die Luft morgens am Wasser riecht. Und dass die Bäume immer blühen, egal ob man weg gewesen ist oder nicht.

Waren *Mzee* Alex und seine Söhne klargekommen mit dem Fröschefangen? Würde Mirambo eine vernünftige Wohnung finden? Und einen ehrlichen Job? Wie würden wir als Mannschaft, ausgestattet mit tollen Fußballschuhen, überhaupt noch Gegner finden? Immer neue Probleme!

Ich war schon ein ziemlich wirrer Typ! Gerade noch hatte ich mit Tränen zu kämpfen, da lauerten Alltag und Sorgen vor der Tür.

Aber niemand kann aus seiner Haut, wie Mama immer sagt. Und die hat den Durchblick. Ob sie aber alle meine Fragen beantworten konnte, die mich außerdem bedrängten? Besser, es nicht auszuprobieren. Eltern müssen nicht alles wissen.

Bei dem Gedanken musste ich lächeln, als ich meinen Pass zur Kontrolle vorlegte.

»Du freust dich wohl auf die Heimreise«, sagte der Beamte freundlich, drückte seinen Stempel aufs Papier und gab mir den Pass zurück.

»Yes, Sir!«, sagte ich und grinste ihn an.

Was sollte ich auch sonst antworten?

Nachwort

Nägel mit Köpfen
Damit Said seine Fußballschuhe bekommt

Der tansanische Küstenort Bagamoyo am Indischen Ozean war mir von früheren Besuchen bekannt. Hier sollte mein Buch über die Fußballjugend in Afrika spielen. Bei einem Mittagessen in Ahlen/Westfalen traf ich meinen Freund Nkwabi und fragte, ob er bereit sei, mir mit Informationen zu helfen. Da schlug er mir vor: »Besser, du kommst für ein paar Tage nach Bagamoyo!«

Also bin ich mit der Journalistin Sabine Jaegernach Tansania aufgebrochen. Sabine plante eine Rundfunksendung zum gleichen Thema. Nkwabi hat uns überallhin begleitet, für uns übersetzt und zahlreiche Türen geöffnet. Die Gespräche mit den Jugendlichen, die Beobachtungen am Strand, auf dem Fußballplatz und in den Schulen haben meine Geschichten von »Mandela und Nelson« erst möglich gemacht. Wir haben bei unserem Besuch begeisterte Spielerinnen und Spieler getroffen. Richtige Fußballschuhe hatte niemand, die wenigen Bälle waren verschlissen, die Trikots hatten keine einheitlichen Farben. Als uns der Gründer des Vereins »Saadani Social & Art Club«, der Lehrer Maeda Haji, beim Abschied bescheiden fragte, ob man von Deutschland aus nicht etwas für die Fußballjugend Bagamoyos tun könnte – da gäbe es doch so viele Probleme (und er meinte nicht nur Fußballschuhe!) –, versprachen wir, uns zu bemühen.

Bei den Verantwortlichen des Fanclubs von Borussia Dortmund (BvB International e. V.) stießen wir auf offene Ohren und Herzen.

Hilfe für die Jugend Afrikas wird oft versprochen und selten umgesetzt. Die Mitglieder des Kamener Fanclubs hingegen machten Nägel mit Köpfen – und setzten eine Menge in Bewegung. Sie halfen mit neuen und gebrauchten Schuhen, Trikots, Bällen, Reisegeld für Auswärtsspiele und was sonst benötigt wurde. Schon im Juli 2009 ging eine stattliche Menge Sportausrüstung auf die Reise nach Bagamoyo – und dort war die Freude groß. In der Folge will der BvB International e. V. (der für seine völkerverständigende und integrative Arbeit ausgezeichnet wurde) auch außerhalb des Fußballplatzes in Bagamoyo Hilfe leisten, denn es fehlt an vielen Dingen, die für uns selbstverständlich sind.

Wer sich darüber informieren will, kann das im Internet (www. bvb-international.de) tun; wer direkt und ganz konkret den afrikanischen Fußballfreunden helfen will, für den nennen wir hier das entsprechende Konto.

BVB International
Sparkasse Kamen · Konto: 39909 · BLZ: 443 513 80
Bitte als Verwendungszweck »Bagamoyo« angeben.
Spendenquittungen sind möglich.

Euer Hermann Schulz

Anmerkungen

Nelson.

Das bin ich, der Spielführer unserer Mannschaft.

Mandela.

Meine Zwillingsschwester. Wir spielen in der gleichen Fußballmannschaft. Wir wurden am 9. Mai geboren. Unsere Eltern haben uns diese Namen gegeben, weil am gleichen Tag Nelson Mandela erster schwarzer Präsident von Südafrika wurde. Manchmal müssen wir uns darüber dumme Bemerkungen anhören.

Fanclub BVB International.

Der Club versammelt Freunde in aller Welt und unterstützt soziale Projekte. Unserem Saadani-Club hat er vor ein paar Jahren Trikots, Bälle und Sporttaschen gespendet. Der Vorsitzende ist **Levent Aktoprak.**

Freundeskreis Bagamoyo.

Ein Verein in Beckum/Westfalen, der Projekte bei uns in Bagamoyo unterstützt. Vorsitzender ist **Rudolf Blauth.**

Boma.

Ruine des alten Regierungsgebäudes aus der deutschen Kolonialzeit. Müsste dringend renoviert werden!

Bongo Flava.

Scherzhafte Bezeichnung für den Tansania-Hip-Hop aus Dar es Salaam. Titel einer CD von Haircutting Saloon.

Bwana (sprich: Buana).

Bedeutet Herr in unserer Sprache Kisuahili.

Jürgen Klopp

(im Volksmund **Kloppo**). Trainer von Borussia Dortmund (BVB) zur Zeit, als ich unsere Geschichte aufgeschrieben habe.

Mzee (sprich: Msee).

Ehrentitel für alte und weise Männer und Frauen.

Mzungu (sprich: Msungu).

Allgemeiner Begriff für die Weißen. Ursprüngliche Bedeutung: Leute, die uns nicht verstehen.

TASUBA.

Kulturzentrum in Bagamoyo für Tanz, Pantomime und Theater; gegründet nach der Kolonialzeit.

Nkwabi Nghangasamala.

Trainer in unserer Geschichte, ist einer der Lehrer. In Deutschland gibt er in jedem Jahr für einige Wochen Trommelunterricht an Schulen.

Umoja wa Tanzania.
Einigkeit und Tansania; eines der Lieder auf der
CD Bongo Flava.

Yambo.
Guten Tag auf Kisuahili.

Spieler unserer Mannschaft:
Nelson (ich), Mandela, Hanan, Hanifa, Mirambo, Said, Yakobo,
Tutupa, Guido, Omari, Kassim. – Ersatzspieler: Wilson,
Lupembe.

Spieler der deutschen Turniermannschaft:
Otto, Asaf, Soner, Nicki, Paul, Jakob, René, Rudi, Wölfchen,
Yanik, Olaf.

Hermann Schulz

wurde 1938 in Ostafrika geboren und wuchs
am linken Niederrhein auf. Als Nachfolger von
Johannes Rau leitete er von 1967 bis 2001 den
Peter Hammer Verlag in Wuppertal. Reisen führ-
ten ihn in mehr als 50 Länder.

1998 erschien sein erster Roman (»Auf dem
Strom«), seit 2001 widmet er sich dem Schreiben
von Kinder- und Jugendbüchern. Einige der Roma-
ne sind auch für Erwachsene geeignet. Mehrfach
wurden seine Bücher für den deutschen Jugend-
literatur-Preis nominiert und erhielten nationale
und internationale Auszeichnungen. »Mandela &
Nelson« war als »Fußballbuch des Jahres 2010«
nominiert. 1981 wurde ihm der Von der Heydt-
Kulturpreis der Stadt Wuppertal und 1998 die
Hermann-Kesten-Medaille des deutschen P.E.N.-
Zentrums verliehen. »Mandela & Nelson« erhielt
2012 den französischen Prix Sorcières.

Mehrere seiner Bücher wurden als Hörspiele
bearbeitet (WDR, BR).

Seine Bücher sind in zwölf Sprachen übersetzt.

Bibliografie (bis Dezember 2012)

Auf dem Strom.
Roman. Hamburg, 1998. Neuausgabe Hamburg, 2012.

Iskender.
Roman. Hamburg, 1999.

Sonnennebel.
Roman. Hamburg, 2000.

Flucht durch den Winter.
Roman. Hamburg, 2001.

Zurück nach Kilimatinde.
Roman. Hamburg, 2002.

Sein erster Fisch.
Bilderbuch mit Wiebke Oeser. Wuppertal, 2002.

Wenn dich ein Löwe nach der Uhrzeit fragt.
Roman für Kinder. Wuppertal, 2003.

Ein Apfel für den lieben Gott.
Bilderbuch mit Darota Wünsch. Wuppertal, 2003.

Söhne ohne Väter.
Die Kriegsgeneration (gemeinsam mit Hartmut Radebold und Jürgen Reulecke). Sachbuch. Berlin, 2004.

Dem König klaut man nicht das Affenfell.
Roman für Kinder ab 10. Wuppertal, 2004.

Schluss mit lustig!
Roman für Kinder. Bilder von Katja Gehrmann.
Hamburg, 2005.

Leg nieder dein Herz.
Roman. Hamburg, 2005.

Der silberne Jaguar.
Roman. Hamburg, 2006.

Schmeckt's? Alles über das Essen (gemeinsam mit Sabine Jaeger).
Düsseldorf, 2008.

Mandela und Nelson. Das Länderspiel. Roman für Kinder.
Hamburg, 2010.

Die schlaue Mama Sambona. Bilderbuch mit Tobias Krejtschi.
Wuppertal, 2008.

Der Tag, an dem ich meine Schularbeiten nicht mehr gemacht habe.
Geschichten. Wuppertal, 2011.

Die Ruhr fließt anders als der Bosporus. Autoren schreiben
gemeinsam mit Schülern
(Liane Dirks, Yüksel Pazarkaya, Heinz G. Schmidt, Franziska Sperr,
Burkhard Spinnen, Michael Zeller). Herausgegeben von Jürgen
Baurmann und Hermann Schulz. Essen, 2010.

Schulhausromane (Schreiben mit Schulklassen)
Projekt: Literaturhaus Wuppertal e. V.

Diamantenglück. Eine Geschichte. Gemeinsam mit einer
Hauptschulklasse 2008 (nicht über den Handel. Literaturhaus
Wuppertal e. V.).

Hinter beschlagenen Scheiben. Eine Geschichte. Gemeinsam mit einer
Gesamtschulklasse 2009 (nicht über den Handel. Literaturhaus
Wuppertal e. V.).

Die 3 Ns und der Diamantenraub. Eine Geschichte. Gemeinsam mit
einer 4. Klasse 2010.

Das verlorene Tagebuch. Eine Geschichte. Gemeinsam mit einer
8. Klasse 2011.

Als PIXI-Bücher sind erschienen

Temeo und der König Tonder
Temeo und sein Freund, der Zauberer
Temeo und das Länderspiel
Kathis Weihnachtsgeschichte
Fünf Mäuse im Klavier
Freddys Weihnachtsbaum

GRUSEL IN ARIZONA

Elise Broach
**»Die Barker Boys –
Das Geheimnis in
den Bergen«**
Hardcover: 320 Seiten
ISBN 978-3-8489-2003-7

DIE BRÜDER Simon, Henry und Jack erkunden ihre neue
Umgebung in der Wüste Arizonas. Obwohl ihnen ein Ausflug in
die Berge strengstens verboten ist, können sie der Versuchung
nicht widerstehen. Sie ahnen nicht, dass hier das Abenteuer ihres
Lebens auf sie wartet: Inmitten der einsamen Bergwelt entdecken
sie drei Totenschädel. Zusammen mit dem Nachbarsmädchen
Delilah versuchen sie mehr herauszufinden.

www.aladin-verlag.de

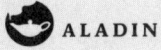 ALADIN

EIN T-SHIRT AUF REISEN

Sylvain Victor
**»Das rote Trikot –
Eine afrikanische Reise«**
Hardcover: 48 Seiten
ISBN 978-3-8489-0009-1

WER HÄTTE GEDACHT, wie viele Leben ein kleines Stück
Stoff bereichern kann? Ein rotes Fußballtrikot wird auf eine
ungewöhnliche Reise geschickt und erlebt in den Händen seiner
Besitzer die aufregendsten Abenteuer.
Sylvain Victor erzählt die abenteuerliche Reise eines T-Shirts
von Europa nach Afrika und zurück – ein Globalisierungsbilder-
buch ohne mahnenden Zeigefinger!

www.aladin-verlag.de

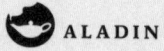 ALADIN